PRÁXEDES ZANCADA

Canalejas, Político y Gobernante

MADRID :: González y Giménez :: HUERTAS, 16 y 18

Práxedes Zancada

Canalejas, Político y Gobernante.

—— 1913 ——
GONZÁLEZ Y GIMÉNEZ
— Impresores y Editores —
—— Huertas, 16 y 18 ——
—— MADRID ——

Es propiedad del autor.—
Queda hecho el depósito que
marca la ley.

A la memoria del insigne estadista.

CAPÍTULO PRIMERO

CANALEJAS POLÍTICO Y ORADOR

Era un deber para el que esto escribe consagrar á la memoria del que fué su amigo, su maestro y su jefe, un recuerdo y una ofrenda; y si ha dejado pasar el tiempo ha sido, precisamente, para poder con mayor serenidad, con mayor juicio, discurrir acerca de aquella gran figura, de lo que representó en la política española y de sus condiciones extraordinarias de gobernante.

Si esta intención mía no hubiese tenido una raíz profunda, hiciera vencer las vacilaciones motivadas por lo arduo y difícil del empeño, la obligación para mí ineludible de procurar rebatir los cargos infundados y los injustos ataques de que ha sido objeto su obra política.

Quizá sea aún temprano, para que libre de pasión, sin el prejuicio de las ideas de partido, sin sectarismos de escuela, se pueda hacer una biografía del gobernante; presentar el cuadro de la España política en la que él ejerciera su mando, y sacar de la situación del país, de las ideas que aplicara á la gobernación del Estado aquellas consecuencias y aquellas deducciones que engrandezcan é inmortalicen su personalidad. Lo que sí puede decirse es que, si no oscurece el juicio una gran ceguera, de Canalejas tendrán que afirmar sus enemigos aquello que Roberto Peel exclamaba respecto de

Palmerston: «Los que le combatíamos nos sentíamos orgullosos de ser sus adversarios.»

Uno de los políticos españoles más censurados, aquel que más concentró el odio de las derechas, Mendizábal, fué, sin embargo, honrado al morir por amigos y enemigos. Como Mendizábal, Canalejas y los que cual él defendieron en España la libertad y el Poder civil, representan el esfuerzo que hace el genio de la civilización, para repeler los embates de la reacción y del retroceso.

No abundan actualmente en Europa, los hombres de Estado. Después de Bismarck y Gladstone, que eran como la significación de dos políticas diversas, de dos medios de gobernar distintos, Europa no ha tenido grandes figuras de estadistas.

Dentro de la complejidad de la vida moderna, la acción de los hombres políticos es cada día más difícil. Fijándonos en los que al mismo tiempo que Canalejas gobernaban en los distintos pueblos de Europa, Canalejas podía resistir ventajosamente la comparación. Ni Giolitti en Italia, ni Briand, Barthou ó Poincaré en Francia, ni Bannerman ó Asquith en Inglaterra, tuvieron más exacta noción de sus deberes, ni ocuparon sus puestos con mayor dignidad. De Giolitti dice uno de sus biógrafos que sería un gran hombre de Estado si pudiera fundirse con Sonnino; pero estas transformaciones no son posibles en la naturaleza.

Briand es un espíritu enérgico, un gobernante sagaz; pero no consiguió imponerse á los grupos radicales del Parlamento francés; su ruptura con Clemenceu le alejó del Poder. Y si Poincaré ha llegado á la Presidencia de la República y es hoy la más grande popularidad de

Francia, no es mayor su altura intelectual, que la del malogrado estadista español.

La humanidad, á medida que se perfecciona y civiliza, va siendo más exigente en los méritos y en las cualidades que exige á los que han de dirigirla, á los que han de recoger las energías individuales dispersas, para una gran obra colectiva. Por eso decía Renan en *La Reforma Intelectual*, refiriéndose á Turgot, que en 1774 era muy fácil ser Ministro, pero que en nuestros días, su falta de talento como orador y como escritor le hubiese detenido en los primeros pasos de su carrera; y hablando Deschamps de la Grecia de hace algún tiempo, describía el tipo del político de una época de decadencia: fatuo, vago y ligero, que consumía estérilmente las horas en conversaciones ociosas, en huecas palabras halagadoras para electores y amigos. El tipo de ese político no es el del que ha hecho la Grecia vencedora de hoy. Venizelos es el hombre de Estado, no el profesional sin condiciones de cultura y honda preparación intelectual.

Cuando un hombre de Estado realiza por completo la misión que la Providencia le encomienda, cuando su carrera describe por completo su trayectoria, como Gladstone y Salisbury en Inglaterra, Bismarck en Alemania ó Thiers en Francia, es más fácil juzgar su obra. Cuando, como dice Nietsche, *se llega á ser todo lo que se es*, y se desarrolla por completo el contenido espiritual, es más fácil apreciar el valor de una vida, consagrada á la defensa de los grandes principios y de los más puros ideales; pero si ocurre el caso de que una existencia se trunca en el momento mismo del mayor vigor, de la más grande energía, parece una crueldad implacable del Destino. Canalejas murió cuando más podía España prometerse de sus condiciones excepcionales.

Canalejas antes que político fué escritor y literato. A su labor gubernamental precedió su obra de creyente, la difusión de sus ideas. Sus detractores decían de él que no vivía en la realidad; que su política no se acomodaba á los sentimientos del pueblo español; que él, sintiendo el ambiente de Europa, era incompatible con el estado del alma nacional; que evocaba todavía las intransigencias dogmáticas de los días lejanos por el tiempo, cercanos por la influencia latente y poderosa. Canalejas había buscado antes que en la vida, en los libros, las explicaciones de todos los enigmas sociales, la causa de las convulsiones de los pueblos, movidos por un sentido de progreso, alimentados de nobles quimeras, sacudidos constantemente por un nuevo ideal. Canalejas había llegado á la vida pública después de la revolución de Septiembre, y ésta había dejado en su espíritu generoso una huella profunda, pero no tan profunda que no le hiciera comprender que si la revolución no cumplió sus fines fué por una falta de organización, por una ausencia de contenido social, que había de llenarse, buscando en los principios económicos modernos orientaciones definidas.

Todo lo bello y lo grande le producía verdadero entusiasmo. Dotado de una sensibilidad exquisita, jamás se entregó á las intrigas viles ó á las maniobras ocultas. En medio del rebajamiento de una política de intereses personales, conservó aquello que había recibido de la Naturaleza: el alma entera, fuerte y animosa. Además, dió pruebas constantes de escrupuloso desinterés. Apeló á los sentimientos más elevados y patrióticos; no buscó su fuerza en una oligarquía, ni en la gracia del Monarca, con estimarla en mucho, sino en la opinión pública, demostrando que había llegado alPoder, no por afán de dominación ó por codicia de mando, sino con el propósito de adquirir grande y verdadera fama sirviendo al Estado.

El Sr. Jimeno decía de él en su discurso necrológico, que supo con una flexibilidad pasmosa deslizar su pensamiento y su obra por las junturas que el azar lograba abrir ante tantas dificultades opuestas á su paso. El contenía la extrema derecha con su tenacidad, y dominaba la extrema izquierda con el ferviente deseo, con el propósito decidido de seguir un camino que condujera á demostrar la compatibilidad entre la democracia y la monarquía. En esto representó una política equidistante igualmente de las exageraciones demagógicas y de las intransigencias clericales. Canalejas recordaba á aquel otro hombre muerto como él en lo más firme y vigoroso de su edad, cuando también hacia él convergían todas las esperanzas de la España democrática, al General Prim, llamado *El gran conciliador*, asesinado porque, sin duda, era el fuerte escollo en que había de estrellarse á un tiempo mismo la demagogia y el absolutismo. Y del propio modo que por la muerte de Prim la dinastía de Saboya, recién salida del voto de las Cortes, se vió momentáneamente fortalecida, y el crimen abrió de par en par las puertas de España á Don Amadeo, abroquelándole, según la frase de Castelar, tras el horror que inspira siempre la fuerza, la violencia y el crimen, así Canalejas con su sacrificio fortificó la monarquía, haciendo execrable el espíritu anarquista, que sólo tiene por fin la destrucción y la muerte, que no distingue de formas de Gobierno, y que lo mismo se dirige contra Ministros odiados del pueblo, como Stolipine en Rusia y Pekof de Bulgaria, que contra las altas magistraturas del país encarnadas en el voto popular, como Carnot, en Francia, y Garfield y Mac-Kinley en los Estados Unidos. Nadie menos llamado á ser víctima del odio de esa secta criminal que Canalejas, porque nadie le igualó en generosidad.

El ilustre escritor Manuel Bueno defendía en el *Heraldo* á Canalejas de la injusta acusación de ser un hombre falto de sentimiento; y si su cualidad de gobernante no le hacía accesible á todas las manifestaciones de la emoción, nadie como él tan inclinado á la piedad. De Bismarck se cuenta que en un momento azaroso de la política, en que sus enemigos le hacían difícil la vida pública, pasó una noche sin dormir, desvelado, inquieto. Como al día siguiente su secretario Tiedeman le preguntara la razón de aquel insomnio, Bismarck exclamó: «No he dormido, porque he pasado toda la noche consagrado á odiar». Canalejas no odió nunca: no tuvo odios que le privasen del sueño. Al contrario; los días de gobernante para él más triste y sombríos, fueron aquellos en los que, próxima á ejecutarse una sentencia, próximo á caer todo el peso de la ley sobre los que habían manchado sus manos con la sangre de funcionarios inmolados en aras del deber, su gran espíritu vacilaba entre el cumplimiento frío, inflexible del terrible fallo, y aquella clemencia, aquella inclinación al perdón que era la más propia, la que más se amoldaba á su carácter.

Pero esa inclinación de Canalejas al perdón, no le restaba energías de gobernante. Hablando de Olózaga, dice Fernández de los Ríos que tenía negras cejas pobladas, como un letrero en que se leía la resolución de carácter. Todo en Canalejas denotaba también una virilidad que corría parejas con aquella potencia enorme de trabajo, siempre constante y provechoso. En medio de las mayores dificultades, de las maniobras de una política de encrucijadas, Canalejas se movía con tal firmeza que desconcertaba las pérfidas conjuras y robustecía su autoridad.

Si Canalejas no hubiera tenido ninguna otra condición, ni otra cualidad sobresaliente, para el aprecio de sus contemporáneos, le hubiese bastado para ser una figura extraordinaria y excelsa de la política, su elocuencia de orador. En un país como España, en que la oratoria ha lucido con tanta brillantez, en que aún se recuerda la poesía de López con sus elegantes, enérgicas y arrebatadoras frases, la dicción de Ayala, el vigor dialéctico de Cánovas, el verbo soberano de Castelar, la pureza de Martos y la facilidad de Moret, es difícil descollar en primera fila, pasar á la antología como maestro.

La oratoria española es un término medio de la francesa y la inglesa. Tomó de la francesa, del ejemplo de Mirabeau y de los grandes convencionales, el fuego y la pasión; de la inglesa, aquel espíritu de cortesía, de respeto al adversario, de serio ademán, que corresponde á la antigua y proverbial gravedad española. Pero dentro del género oratorio español, y siguiendo una evolución universal—recientemente en Francia, un biógrafo de Jaurés, Gustavo Tery, la consigna—á la oratoria apasionada, vehemente, lírica en exceso, va sustituyendo aquella otra razonadora, doctrinal, escasa en galas y en aliños retóricos, pero abundante en substancia y en contenido científico. Canalejas había estudiado los clásicos. De él se dice, con razón, que era un humanista. En su *Curso de literatura latina*, había escrito que entre los dislates que prosperan á beneficio de la ignorancia y de la preocupación, figura el de la inutilidad de los estudios clásicos, concepto cuyo absurdo demostró él más que nadie. Como aquellos modelos de la elocuencia clásica, sus discursos eran sobrios y correctos, elegantes, recios y sutiles. Hablaba la lengua de todo el mundo, pero no la hablaba, sino como los escogidos. No apelaba á frases alambicadas ni á conceptos rebuscados. Tenía siempre la palabra justa, el concepto apropiado, que da gracia ó fuego al pensamiento. Todos sus discursos respiraban nobleza, gravedad, cultura...

Los oradores que más huella dejan, no son aquellos cuya magia deslumbra por un momento. El recuerdo de Alcalá Galiano vivirá más que el del Conde de Toreno; y Cánovas, incorrecto de palabra, sin arrebatos grandilocuentes, sin abundancia de imágenes, con muletillas y repeticiones en sus discursos, era, sin embargo, el gigante de la tribuna, que midió sus armas ventajosamente con políticos de palabra más fácil, de verbo más fastuoso. Canalejas, como Martos en España, como Waldeck-Rousseau en Francia, daba á todos sus discursos, un elevado espíritu jurídico. Martos empleó su léxico y dialéctica admirables, en ser ante todo y sobre todo un propulsor y artífice del derecho español. Waldeck-Rousseau representa en Francia en un momento dado de su historia, un arte nuevo en el género deliberativo. Como la de Canalejas, su frase transparente y lúcida, rica de sentido; la trama de sus discursos, sólida y compacta como un tejido, descansan sobre una base jurídica. La corrección y la lisura de la palabra de Canalejas, no serán superadas en mucho tiempo. Es muy difícil que puedan salir los discursos de los taquígrafos á las cajas, sin corrección y sin enmienda. Las obras de muchos oradores que el público lee, son obras casi nuevas, por lo menos retocadas. Canalejas, la mayor parte de las veces ni corrigió siquiera sus discursos, y á pesar de ello, tanto se admiraba la hondura del pensamiento, aquella luz interior que alumbra la oración, que la ennoble y dignifica, como la frase siempre precisa, siempre exacta, con una elegante expresión, con una extremada belleza de conjunto. Pero si Canalejas no fué un lírico, si cultivó un género de oratoria nueva, si no tuvo su palabra los brillantes colores de la oratoria florida, sabía cuando la ocasión y el momento eran oportunos, que su voz vibrase, sonora y llena, con todas las inflexiones de la pasión. Canalejas cultivaba también en sus discursos la ironía; su ingenio era extraordinario, y si bien nunca en ellos traspasó los límites que separan la frase ingeniosa de la mordacidad maligna; cuando quería, sabía desconcertar al adversario con palabras incisivas, teniendo, como Sagasta, Romero Robledo, Silvela y otros oradores, el dominio de la frase aguda é intencionada para emplearla contra el enemigo político. Si Canalejas procuraba ante todo hablar á la reflexión, llegar al espíritu de sus oyentes con las poderosas armas de la razón y de la lógica, no por ello dejaba de ser la impresión honda, y de provocar á veces grandes tempestades.

Silvela decía de Maura, que sus elocuentes discursos no dejaban la impresión dulce, pero en cierto modo desinteresada y tranquila, que despiertan otros grandes artistas de la palabra. Oyéndole, es fuerza pasar de oyente á combatiente. Canalejas era un orador distinto de Maura; pero sus efectos, sin ser dramáticos, eran seguros y decisivos en el ánimo de los que le escuchaban.

Hemos indicado que para algunos la obra política de Canalejas, no podía prevalecer, porque Canalejas quiso adelantarse á su tiempo. Ya veremos en el curso de este trabajo si la nación estaba ó no preparada para esa obra; ya veremos si puede ó no decirse de Canalejas lo que Moret afirmaba del Conde de Aranda: que había fracasado por no estar España en estado de aceptar sus ideas; ya veremos si es que así como Canalejas en su conferencia del Ateneo *Don Quijote y el Derecho*, hablaba de aquel triste caballero, apaleado por los campesinos, lacerado por el agravio y la burla de los Duques, aquel hombre sano, recto, noble y caballeroso, que había querido anticipar el porvenir con un caballo flaco, con una lanza endeble y con un organismo débil era ó no posible traer á los moldes y realidades de la vida presente todo lo que los espíritus progresivos anhelan, si existen organismos robustos que sirvan de apoyo para la gran transformación que quiso realizar en su vida gloriosa, el gran estadista; ó si, por el contrario, Canalejas tenía que luchar, como Don Quijote, por un ideal de justicia, con un instrumento de gobierno enmohecido por el peso muerto de la historia y desgastado por la herrumbre de la tradición.

CAPÍTULO II

LAS IDEAS DE CANALEJAS SOBRE EL ESTADO. CANALEJAS PATRIOTA

Antes de exponer las ideas de Canalejas en los distintos problemas de la política española y de examinar cómo desenvolvió su actividad de gobernante y cómo aplicó á cada uno de ellos las teorías que emitiera en los largos años pasados en la oposición, tratando de conquistar á la opinión pública y ganarla para su programa; procuremos fijar bien aquellos principios suyos fundamentales, en orden á la gobernación del Estado y á la idea de la Patria.

¿Qué era ser gobernante para Canalejas? Canalejas, como todos los espíritus democráticos, quiso gobernar en un ambiente sereno, de paz y de respeto para el derecho; pero al mismo tiempo Canalejas pensaba, había pensado toda su vida, que gobernar no era el abandono, no era la deserción de las leyes, sino garantir, afirmar los intereses totales. «El oficio del Gobierno—dice en su discurso académico *Generación, vida y transformación de las leyes*—es garantir, y para que los intereses totales puedan ser garantidos, se requiere que la totalidad respete el interés de cada uno».

Para él, la política no era artificio de obrero mecánico, sino creación racional, cuya primera materia es no menos que la materia humana, consciente y libre, que exige un instrumento de influencia y adaptación, más firme y más sutil que los buriles ó el pincel. El hombre de Estado no es herbolario, sino botánico; no es curandero, sino médico; no es halagador de todos los Segismundos, sino agente de justicia y de perfección.

Para la obra suprema del gobierno de los pueblos no hay leyes absolutas, como no las hay para ninguna obra espiritual; cánones estéticos, enseñanzas técnicas y modelos inspiradores existirán siempre como leyes de la sociología, principios gubernamentales y enseñanzas históricas; pero la estatua, de igual suerte que el cuadro, el poema y el acto político, son fruto de un parto de efectos desconocidos hasta el instante supremo del alumbramiento, sometido á las dudas de la gestación, sujeto después á la hostilidad del medio en que se desenvuelve.

Canalejas representa aquel espíritu moderno que busca la constitución de una política basada en la ciencia del Derecho, la organización racional de la sociedad.

«La gente—decía en su discurso de la Academia de Jurisprudencia sobre *La enseñanza de las ciencias sociales*—, la gente está harta de empíricos; se aburre al oir decir que el opio tiene una virtud sedante, que la guerra es un producto del espíritu de conquista, que la República es una manifestación del espíritu republicano, que la Iglesia es una creación del espíritu religioso, que la centralización administrativa es aquí necesaria y allá lo es, al contrario, una autonomía federal. No quiere la sociedad para sus males esos remedios en los que nadie precisa ni la composición exacta, ni los efectos posibles; que lo mismo pueden sanar que matar al enfermo. Quiere que se formule el diagnóstico de sus enfermedades, que se investigue su etiología, y que del conocimiento de sus causas surja una terapéutica científica; está ávida también de pronósticos, á fin de saber adónde va, y de proporcionar el esfuerzo al propósito. No le basta ser curada cuando enferme: necesita que al lado de una medicina social se instituya una psicología social; ansía conocer cómo vive cuando está sana, lo que debe hacer para conservar su salud, cuáles órganos ha de cuidar, cuáles otros ejercitar, de qué modo ha de nutrirse y moverse, á fin de no enfermar.»

La antigua idea de la política como mero arte de gobernar—declara Posada en su *Derecho político comparado*—, como ocupación del Príncipe ó como obra de pura habilidad de hombre de Estado, ha influido hasta nosotros con cierta fuerza al través de las concepciones formalistas que imaginan y producen una política circunstancial, mecánica, cuyo fin más alto se concreta en el arte de componer ó contraponer para llegar á un equilibrio, las diversas instituciones de gobierno. A esa política sustituye otra de orientación sociológica, de base científica, de contenido, es decir, de exigencias, de aspiraciones hacia un mayor bienestar de las gentes: política de inspiración ética y jurídica.

Azcárate, Giner de los Ríos, Costa, Calderón, muestran en sus obras los caracteres distintivos de esta tendencia, que restaura la ciencia del Estado, merced á una determinación clara y precisa de las relaciones íntimas que existen entre el Estado y el Derecho, entre lo jurídico y lo político. En política, la ciencia del Estado—dice Giner—es una rama sustantiva, como todas, pero subordinada á la ciencia general del Derecho; y cuando se ha hecho un intento de arrancarla de su tronco fundamental, ha producido los desastrosos ensayos de Maquiavelo y de los modernos positivistas, igualmente mortales para la vida y para el pensamiento, que mal puede florecer cuando se le sustrae su propio asunto y contenido.

Canalejas había recogido el concepto moderno acerca de la constitución y finalidad del Estado. En otro de sus discursos, pronunciado también ante la Academia de Jurisprudencia, en la sesión inaugural del curso de 1904-1905, bajo la presidencia del Rey D. Alfonso XIII, Canalejas decía: «Podrá sostenerse, como Gumplowicz y Ratzenhoffer, que el estímulo primario de la génesis social y política fué la lucha de razas. No falta, según recuerda Adler, quien pretenda que toda asociación humana engendra espontáneamente especies violentas que viven á costa de las especies pacíficas, y así piensa Nietzsche; pero tanto esos sociólogos como sus discípulos, al definir el Estado, reconocen que surge por la necesidad apremiante de un ordenamiento jurídico y se convierte en institución ética. Ratzenhoffer, analizando el proceso histórico del Estado, confiesa que llega á ser un instrumento de moralidad como producto ético del proceso social. De Greef, afirmando esta propia tendencia, sostiene que el Estado promueve el mayor bien individual de los ciudadanos mediante las formas superiores del *self government*. El eminente Ward, cuya incomparable obra *Pure Sociology* recomiendo á vuestra consideración por contener el más autorizado resumen de las conclusiones científicas de la sociología moderna, afirma que el Estado tiene su base en el derecho y ha llegado á convertirse en una institución esencialmente ética, mantenedora del equilibrio social.

La concepción del Estado cual garantía del bien común, entrevista por Aristóteles, y que en los tiempos modernos resurge como *estado-providencia* en Hegel, como *estado de derecho* en Krause, Ahrens, Mohl, como *estado de cultura* en los escritos de ilustres definidores de la ciencia política alemana y sus discípulos italianos, es la que definitivamente impera, tanto en las escuelas socialistas cuanto en el intervencionismo gubernamental y, en suma, en toda la labor realizada bajo la presión del ansia renovadora que trabaja el mundo y de las aspiraciones apremiantes de las grandes masas sociales.

El Estado ejerce funciones directoras de la vida social, coordinando las fuerzas nacionales como órgano específico, histórico, de la coacción jurídica; como depositario de las tradiciones y preparador insustituible de los futuros destinos del pueblo.»

Estas doctrinas, que abren nuevos horizontes á la ciencia política, asignan al Estado aquel objetivo señalado por Duguit, el cumplimiento de las leyes de la solidaridad social, el progreso de la civilización realizado por la función augusta del derecho.

La ley es para Canalejas el órgano del Estado. Y dentro de esa teoría solidaria, la ley tiene su fundamento en la necesidad de sustituir, como dice León Bourgeois, al hecho natural de la iniquidad, el hecho social de la justicia. Dentro de este concepto, la ley no es una cosa superior, rígida y divina. La ley debe ser, según la frase de Chardón, recogida por Maxime Leroy en su libro *Ensayo sobre la teoría de la autoridad en la democracia*, un instrumento dúctil de vida social. La ley, además, debe proceder, como afirma Esmein, necesariamente de la Nación; pero no sólo es preciso que la ley sea la expresión directa de la voluntad general formulada de una manera concreta por la mayoría de los ciudadanos, tiene que ser, ante todo, una regla de la justicia y de interés público. Por eso la fuerza del Estado sólo es legítima cuando se ejerce conforme á derecho; y ese derecho es el que define Ihering, no como la política de la fuerza, sino como la fuerza puesta al servicio de la sociedad, movida por un ideal ético y jurídico. Canalejas aplicaba esos mismos principios de la doctrina sociológica, que quiere gobernar á la sociedad con el resultado de las ciencias, al concepto de la democracia. «Litiguen cuanto quieran—decía en el discurso pronunciado en la Academia de Jurisprudencia en el curso del 94-95—los tratadistas en sus libros, los políticos en los Parlamentos; pero mi democracia significa gobierno social; un régimen político en que prevalecen con las expansiones del poder las amplitudes del derecho, y en que sin destruir arbitraria y violentamente los sedimentos de la historia, sin enardecer las pasiones de la muchedumbre, sin justificar la tiranía de los menos por la de los más, la ley, órgano del progreso y de la armonía social inspirada en la justicia y en la opinión, facilita sin impaciencias, pero sin demoras injustificadas, la difusión de la cultura, de la riqueza y del poder entre todos los ciudadanos».

No se puede, pues, gobernar sin esa alta noción del Estado. La fuerza material sería bien precaria si existiese sola. Aun en la antigüedad, los gobernantes han tenido que buscar lo que dice Poincaré que debe ser la primera aspiración de los hombres políticos: la realización de la justicia. El escritor francés Luchaire afirma en la *Historia de las instituciones monárquicas de Francia, bajo los primeros Capetos*, que si la monarquía de los Capetos llegó á ser popular, es porque sus súbditos se persuadieron de que los Reyes hacían reinar el orden, la paz y la justicia. Del centro de la justicia se sacó la circunferencia de la Corona, proclamaba Saavedra Fajardo en sus *Empresas* inmortales. Gobernar no es, pues, pretender imponerse á los ciudadanos por los medios coercitivos, sino en aquellos momentos supremos, en que así lo exija el bien de la colectividad, cuando ese bien público reclame lo que Clemenceu llama *la garantía definitiva de la fuerza*. El poder más fuerte, decía Rousseau, cuyas ideas filosóficas vuelven á estar tan en boga, no lo es bastante para ser siempre el árbitro, si no transforma su fuerza en derecho. Por eso Canalejas, cuando un gobernante conservador—Silvela— invocaba la fuerza del Estado, cantando los progresos destructores de las armas de fuego, que habían relegado las barricadas á los museos de antigüedades, replicaba que frente á tanto perfeccionamiento mecánico, estaba aquella otra substancia combinada en el laboratorio químico, invento de Nobel, descubierto con el fin de que fuera útil á la humanidad utilizado por los destructores del orden social; y que había, pues, que hablar antes que nada, de justicia y de derecho. Entre la libertad y los fusiles, opto por la libertad, había dicho Cavour. Si Canalejas tenía ese concepto científico de la política y del gobierno de los pueblos, claro es que jamás pensó, como otros hombres de Estado españoles, que todo en la vida pública se reduce á amoldarse á las impurezas de la realidad y á una transacción constante, ni tampoco á aquello que constituye el fundamento de la política, inspirada en el ideal de Maquiavelo; política que lo mismo puede llamarse liberal que reaccionaria. Charles Benoist lo demuestra en *Le machiavelisme*. El libro de Maquiavelo igualmente puede ser el breviario de un tirano, que el manual de un demagogo.

Canalejas fué revolucionario en el sentido de que juzgó que había una gran transformación jurídica que realizar. Por eso afirmaba en su discurso de 1903, en la Academia de Jurisprudencia: «Incluso los que se dicen conservadores y se creen firmemente ligados á las cosas muertas, experimentan un sentimiento de malestar, un sentimiento de que las cosas no están bien como están, y deseos de que estén de otro modo, indagando qué será preciso hacer para que cambien mejorando. Ese deseo, llamémosle por su verdadero nombre, es el espíritu revolucionario; el espíritu revolucionario está hoy en todo; el espíritu revolucionario al hacerse científico es el fondo y substancia de las ciencias sociales.» Silvela y Maura, partiendo de conceptos y de principios distintos, afirmaron también la necesidad de un cambio profundo en la estructura de nuestro pueblo. Pero si Canalejas era creyente de esa revolución ideal, su criterio reformista había repugnado siempre las convulsiones violentas que ponen en peligro la vida de las sociedades. Unicamente cuando dentro de la legalidad no se puede realizar la evolución del derecho, es cuando puede producirse en los Estados, el cambio radical de sus instituciones.

Canalejas fué un gran patriota: hay en su vida el rasgo hermoso de haber ido á Cuba á conocer y á estudiar el problema, á arrostrar peligros y á sufrir penalidades. Aquella frase de Cánovas de que «con la Patria se está con razón y sin razón en todas las ocasiones y en todos los momentos de la vida, como se está con el padre, con la madre, con la familia, con todo aquello que es el complemento de la personalidad, y sin la cual desaparece la verdadera y grande atmósfera en que vive y se desenvuelve el ser racional», encontraba en Canalejas un convencido. Por eso, después del desastre de 1898, de haber estado en Cuba y de haber tratado de decir al país cuál era la verdad sobre la infausta campaña, se arrepintió toda su vida de haber cedido á ciertos requerimientos de partido.

Canalejas se levantó en el Congreso á pedir explicaciones que esclareciesen las responsabilidades ministeriales sobre las desventuras que afligían á la Patria, y él fué, el que pronunció estas palabras: «Abandonemos una vez siquiera aquellas vestiduras retóricas con que adornamos ó encubrimos nuestros pensamientos; busquemos inspiración en las justas y legítimas aspiraciones del país; tengamos más sinceridad y menos artificio; hablemos como españoles, como hombres de honor, sin subterfugios, sin disimulos, diciendo las cosas por su nombre, *acusando con aquella acrimonia que la gravedad de la censura exija*; cumplamos un deber de conciencia en el seno de la Representación nacional; demostremos que está aquí representado el país... Perturbaciones hondas son las que nacen, no sólo de la inquietud propia, sino del juicio ajeno, porque es verdad que el alma nacional está acongojada; pero es además cierto que al otro lado de las fronteras va extendiéndose un sistema de censura que se expresa diciendo «cosas de España». Cosas de España fueron otro día no lejano, las gracias de nuestros chisperos ó las habilidades de nuestros artistas taurómacos; pero ahora no; ahora «cosas de España» son las tragedias que se desarrollan en los mares, las catástrofes de las plazas capituladas; esta desorganización social que abajo comienza para llegar pronto arriba, y contra la cual es preciso que nos unamos, para poner remedio á males que remedio tienen, ¡no han de tenerlo cuando nuestra firme voluntad regida por la aspiración de un recto patriotismo, se encamina al bien de la Patria!»

En 1902, no mucho después de que Silvela acusara la falta de pulso del organismo nacional, Canalejas exclamaba: «Lo que hay es que España—ó mi razón está ofuscada, y debo para siempre retirarme de la vida política—, necesita de grandes energías; porque situados en una situación geográfica, se nos ha adscrito á grandes deberes y responsabilidades en la Historia, teniendo á un flanco á Gibraltar con Inglaterra, y á otro á Portugal con Inglaterra, á caballo sobre posiciones predominantes en el mundo, presiente la conciencia general que llega el día, en que han de resolverse problemas transcendentales. Yo no quiero á España petrificada en la tradición, pero menos deseo una España viviendo de la petrificación. Al fin la tradición es grande, porque fué vida y vigor propio. La petrificación es miseria y decadencia. Anhelo una España enardecida por grandes sentimientos, y aun por grandes pasiones.»

En 1907, frente á las teorías nacionalistas catalanas, Canalejas pensaba, con Burgess, que España era y tenía todos los caracteres de una nación; que si sobre algún apoyo debía asentarse el pie, con firmeza, para la reconstitución de la Patria, era sobre la soberanía del Estado, no como mera afirmación abstracta, sino como concepto general, instituyendo grandes organismos, poderosos, fuertes; organismos en los que el Estado compartiese la realización de sus grandes fines, pues la democracia era en lo social, la delegación ó cooparticipación de los elementos de la vida social, para el cumplimiento de los fines del Estado. Canalejas no se declaró centralista, pero anhelaba la solidaridad de todos los elementos, de todas las fuerzas de la Patria española; tenía esperanzas en la grandeza de España, y quería que la nación, y su órgano el Estado, tuvieran una grande y vigorosa virtualidad, exigida por la obligación de robustecer las energías de la raza.

Ese mismo sentimiento patriótico que animaba á Canalejas en los campos de Cuba recorriendo las frondosidades de la manigua, era el que le impulsaba como gobernante. Y él, que había visto cómo se desmoronaba un Impèrio, cómo la falta de unidad moral del pueblo español, sin preparación para la guerra, había conducido á los desastres de Cavite y de Santiago de Cuba, quiso, alentado de noble esperanza y de generoso empeño, cuando se encontró planteado, al ocupar el Poder, el problema de Marruecos, que envolvía un momento crítico para nuestra historia, fortalecer el espíritu público, defender los derechos de España y procurar su engrandecimiento.

CAPÍTULO III

LA CUESTIÓN DE MARRUECOS Y EL TRATADO CON FRANCIA

Canalejas se encontró planteado el problema de Marruecos en todos sus aspectos: en el político, en el internacional y en el económico. En el político, porque aún latía en los elementos radicales el espíritu de protesta contra lo que había sido la campaña de 1909; en lo económico, porque aumentaba las dificultades del presupuesto y los gastos públicos; y en lo internacional, porque precisamente durante el mando de Canalejas se terminó un Tratado con Marruecos y se plantearon las negociaciones con Francia. Mientras se mantuvo el *statu quo* en Marruecos, el criterio de Cánovas, partidario de la abstención, de que España no debía intervenir en las discordias civiles del Imperio, de que esas revueltas eran un mal crónico, que no exigían la intervención de Europa, pudo prevalecer. Aun así, ya en 1888 el el Sr. Moret, Ministro de Estado del Gobierno liberal, declaraba en el Congreso que España preparaba fuerzas, pues si un recrudecimiento de la anarquía desmoronaba el Imperio mogrebino, debíamos estar preparados ante el caso posible de que alguna nación pretendiera los restos de aquel territorio, cuyas grietas á nadie más que á nosotros importaba tapar. La enemiga de Francia y de Inglaterra, contribuyó al mantenimiento del *statu quo*.

De la crisis europea que cerró el Congreso de Berlín, Inglaterra salió con una tendencia hostil hacia Rusia. La diplomacia inglesa y, sobre todo, la de lord Salisbury, se inclinó, pues, de 1876 á 1900, á la Triple Alianza. Todavía en 1900 Chamberlain hablaba netamente de la alianza con Alemania y los Estados Unidos. Inglaterra firmaba con los Estados Unidos un convenio derogando el tratado Clayton Bulver; pero esta inclinación no logró prosperar.

El Gobierno—decía lord Rosebery, jefe entonces liberal, en 15 de Febrero 1900—ha hecho en Diciembre último indicaciones á Alemania para una alianza; pero estas indicaciones no han sido acogidas con bastante cordialidad para que el Gobierno persevere en tal camino. En 1901, Eduardo VII subía al Trono y contribuía personalmente á sentar las bases de una inteligencia con Francia. Desde este momento, la nueva orientación de la política inglesa se precisa con toda claridad. En el mes de Enero de 1902 se anuncia el acuerdo franco-italiano relativo al Mediterráneo, que concilia las dos potencias, desinteresándose Francia de la Tripolitania y, en cambio, desistiendo Italia de su acción en Marruecos.

Inglaterra pensó, quizás un momento, en ser ella la inspiradora de las reformas marroquíes; pero la obra de sir Arthur Nickolson no fué todo lo afortunada que el Gobierno inglés pretendiera, tropezando con el obstáculo insuperable de la anarquía de Marruecos. Mientras tanto, Silvela, en 1901, había visto la inminencia de la cuestión marroquí. *La Lectura*, bajo la firma de *Un Diputado á Cortes*, había dicho: «El problema de Marruecos viene á más andar sobre Europa; cada día es más poderosa la evolución de las expansiones territoriales, y el problema podría repentinamente suscitarlo una cuestión de sucesión en el Imperio ó una anarquía en el interior con ella relacionada». Por aquella época fué cuando el Embajador de España en París, Sr. León y Castillo, llamó la atención del Gobierno sobre este arduo problema, afirmando que si no se resolvía con nosotros, se resolvería contra nosotros. Entonces, en 1902, se ultimó con Francia un tratado, por el que obteníamos una gran extensión territorial, mucho mayor en el Norte y en el Sur, que la que después quedó fijada en el de 1904.

En 1904, poco antes de la declaración franco-inglesa, Montero Ríos publicaba un artículo en *La National Review*, de Londres, en el que después de consignar que si nuestro corazón y nuestra sangre nos impulsaban hacia Francia, nuestra cabeza y nuestro interés nos inclinaban hacia Inglaterra; se declaraba partidario del *statu quo*, pero modificándolo con ciertas progresivas tendencias que nos conducirían por el camino de la libertad de comercio, de la neutralización de Tánger y del gradual desenvolvimiento de la civilización en Marruecos, pero sin que la iniciase una sola potencia, sino todas de consuno y de acuerdo con España, que merecía ocupar un puesto de honor en la vanguardia de la civilización.

El art. 8.º de la declaración franco-inglesa decía que los dos Gobiernos, el francés y el inglés, inspirándose en sus sentimientos sinceramente amistosos para España, tomaban en particular consideración los intereses que tenía por su posición geográfica y por sus posesiones en la costa marroquí del Mediterráneo, y á propósito de las cuales, el Gobierno francés se concertaría con el español, comunicándose al inglés el acuerdo que recayera entre Francia y España.

En 1904 es cuando verdaderamente pudo declinarse la invitación que se nos hacía; en 1904 fué cuando España pudo proclamar su desistimiento de una política que en el porvenir envolvía para ella aventuras peligrosas, sacrificios superiores á sus fuerzas. Lo digo en mi folleto *Monarquía y Democracia*. En 1888, contra el pesimismo de Cánovas, fué un republicano—Castelar—el que cantó las energías de la raza y el porvenir que la esperaba más allá del Estrecho. Allí recuerdo la frase de Costa indicadora del interés vital que para España representaba nuestra acción en el Norte de Marruecos.

Otro republicano, Labra, ha justificado la intervención en los pueblos donde reina la anarquía y no se hace respetar el derecho, diciendo estas palabras: «Este es el movimiento que se acentúa desde principios del siglo pasado; esto es lo que quiere decir la nueva doctrina de la intervención internacional; esto es lo que representa la fuerza que se ha hecho de los ejércitos y las escuadras extranjeras sobre China y el Japón para forzarles á abrir sus puertas al extranjero y aceptar la libertad religiosa en tal ó cual forma ó con tal ó cual salvedad; esto es lo que ha determinado el movimiento general de Oriente y la intervención de todo Europa para levantar los Principados danubianos y llegar al Tratado de París; esto es lo que ha determinado la acción de la Argentina, el Brasil y el Uruguay en 1870 para forzar las puertas del Paraguay, que estaba sometido al régimen de un gobierno personal, que desde el doctor Francia lo tenía secuestrado de la vida contemporánea».

Al discutir en 1904 el Tratado, el partido liberal defendió la política de la intervención; y aun el Sr. Salmerón, que habló en nombre de los republicanos, manifestó que era necesario sostener, dentro del criterio de la permanencia del Imperio de Marruecos, el de su transformación, coadyuvando con Francia á esa obra, prestandola nuestro concurso, sin considerarnos humillados en una gestión, secundaria de la de Francia. El Acta de Algeciras consagró derechos de España en Marruecos que nunca habían tenido una sanción internacional, y dió una forma concreta á nuestras aspiraciones de expansión africana. Después de ella, vinieron los acuerdos de 1907, por los que España fué adquiriendo cada día mayores compromisos, á los que no podía faltar sin grave quebranto de su personalidad en Europa.

En esta cuestión de Marruecos hay que tener en cuenta aquellas palabras de Unamuno: «El meterse el pueblo español en su territorio, y no atender sino á lo que creemos sus internas necesidades, conducirá tal vez á una más sana vida fisiológica y material, á un bienestar económico mayor, pero impedirá la formación de nuestra personalidad nacional.»

Cuando Canalejas subió al Poder, se encontró, pues, planteados todos estos problemas; pero sin derecho de opción, teniendo que decidirse por aquello que era un deber nacional. Sea ó no sea la cuestión de Melilla una cuestión ligada ó independiente del problema marroquí, sea la campaña del Rif algo separado y distinto del problema total de la zona del Imperio mogrebino, sometida á nuestra influencia, como pretenden los conservadores; es lo cierto que Canalejas encontró aún sin resolver los asuntos rifeños. No hay continuidad—ha escrito *La Epoca*—entre la campaña de 1909 y las de 1910 y 1911. Ese mismo ha sido el criterio del ilustre publicista y Diputado Sr. Maura y Gamazo, al discutirse el Tratado de 1912. ¿Por qué se avanzó? Ya lo decía Canalejas en sus declaraciones, recogidas en el libro *La política liberal:* «No hemos procedido nunca á avances que no estuvieran requeridos por la necesidad y aconsejados por los técnicos militares; consultando al Estado Mayor Central y á la Junta de Defensa del Reino, y atendiendo sus indicaciones en la dirección de la campaña.» No era posible que dejase nadie de pensar eu el Kert y en el Muluya, una vez ocupado Nador, y sobre todo Zeluán. Salvador Canals dice en *Los sucesos de España de 1909*, que ya que no se considere Zeluán como un nombre fatídico, sería de todas suertes de apetecer que no hubiese figurado para nada en la campaña. Pero lo cierto es que Nador y Zeluán estaban ocupados; que ya el Consejo de ministros conservador en Agosto de 1909, cuando acordó que se hicieran las operaciones sobre seguro y se limitasen los puntos de ocupación; al detallar las tres posiciones que podían ocuparse, hablaba de un desembarco en la desembocadura del Kert, que en Octubre se decía que la Junta de Defensa había marcado esas posiciones, y el general Marina indicaba que había que tener en cuenta, *todo lo que suponía la ocupación completa del Gurugú.*

No se podía descongestionar Melilla, con sólo la ocupación del Gurugú. Lo dice el director de *El Telegrama del Rif*, Sr. Lobera, en un libro reciente. El Gurugú no es sólo un monte que se domina con ocupar su cúspide, sino un nudo montañoso de muchos kilómetros de perímetro, una sucesión de sierras cortadas por profundos barrancos. La toma de Atlaten nos dió la posesión de la vertiente Sur; más tarde, en 1910, ejercitamos una acción efectiva sobre la del Norte con Iazanen; pero todavía quedaba una gran extensión por dominar. Las mesetas de Beni-Faclan servían de refugio á toda la gente maleante del Guelaya, y por el valle del Maxien podían impunemente los levantiscos internarse en grandes grupos en el Gurugú. Era, pues, de todo punto necesario ocupar otras posiciones que acortaran la distancia, entre ellas Iazanen y Atlaten. La misma razón que hubo para ir al primero de dichos puntos, impuso establecernos en Ras Medua. La seguridad de esta meseta nos llevó como complemento obligado á Tauriart-Zag, y al asomarnos al Kert, ocurrieron los sucesos de Agosto, preludio de la campaña de 1911. El macizo de Beni-Bu-Ifrur constituía un evidente peligro para el valle del Caballo y la llanura de Bu-Erg y una amenaza constante para Nador. La defensa de la zona oriental exigía dominar extensos valles, no sometidos y poblados, albergue de gentes indómitas. Pero no era esto sólo. En Beni-Bu-Ifrur debíamos defender también grandes intereses, fuentes de futura riqueza, esperanza de posibles compensaciones, á los sacrificios de todo género hechos por la Nación. Ese macizo no podía quedar en poder de los levantiscos, y mientras no estuviese convenientemente guardado, ninguna Empresa se aventuraría á dar impulso á las explotaciones mineras. De ahí la ocupación de Taurist-Narrich, del Harcha y del Buxdar. Por último, los moradores de Quebdana, temerosos de que contra ellos tomaran represalias los nómadas de Bu-Erg y de la Zebra, solicitaron de nuevo que fuésemos á Muley Rechid y el Zaio, quedando con ello asegurada en lo posible la tranquilidad de aquel territorio, en donde nuestra acción no encontró serios obstáculos. El plan, pues, desarrollado de Mayo á Junio de 1911, fué el complemento del programa iniciado en 1909; del mismo modo que el Tratado hispano-marroquí de 1910 y el Tratado franco-español de 1912, son las consecuencias obligadas de compromisos internacionales que Canalejas, al llegar al Poder, se había encontrado ya sancionados y establecidos.

«Nosotros—decía Canalejas en el Congreso, en la sesión del 8 de Junio de 1911, contestando al Sr. Villanueva—somos herederos de una situación que no censuramos, solidarios de responsabilidades que pesan sobre todos»; y el mismo Soriano reconocía en su discurso del 22 de Junio, las circunstancias históricas que influían poderosamente sobre el Gobierno.

El ilustre Moya, en un juicio sintético sobre la cuestión de Marruecos, publicado en *Nuevo Mundo*, dice que fuimos á Marruecos, porque no pensábamos en lo que más importaba; pero que una vez que fuimos, no podíamos irnos, sin perderlo todo. Por eso Canalejas, desde el primer momento consagró á este asunto aquel noble espíritu de patriotismo, que animaba todos sus actos. Por eso ya en 1910, al referirse en el Senado al Tratado hispano-marroquí, sus palabras eran de aliento y esperanza, porque un gobernante debe tener fe en los destinos de su Patria, y el pesimismo es la negación de la vida de los pueblos. «¿Qué tenemos que hacer allí? Yo digo desde esta tribuna á mi país que tenemos mucho que hacer, que apenas lo hemos empezado; si nos limitáramos á hacer la temporal ocupación, que supone un resarcimiento moral hasta que se obtenga un resarcimiento material de los daños que se nos infirieron por tribus incultas, representaría eso el mínimo concepto de la responsabilidad ajena y del deber propio. Pero tenemos nosotros muy otra misión; tenemos, en primer término, la de rehabilitar en toda obra civilizadora el concepto de España; porque España no es una nación muerta, que esté ausente de ideales, que no deba compartir en el areópago de las naciones cultas la misión civilizadora del progreso humano, que le es tan propio como lo pueda ser á las naciones más cultas y adelantadas. Tenemos alientos y fe; tenemos que rehabilitar ese concepto, no con discursos ni con declaraciones de Gobierno, que esas pasan; no son más que fulgores de elocuencia ó alardes de palabrería, sino comenzando la obra seria de un Gobierno y de un país... Tenemos que evidenciar si es España un pueblo de potencia espiritual, civilizadora y económica suficiente para asentar su personalidad en el mundo; que no se asienta por tener una bandera, por tener un ejército y por tener un territorio, sino que se asienta en la conciencia expansiva de una gran personalidad mundial que se dilata más allá de las fronteras.» Y terminaba su discurso diciendo: «Yo aplico á este problema de Marruecos y del Rif el mismo criterio que pudiera aplicar á otros problemas ligados con nuestras relaciones internacionales; y séame lícito decir, sin derogar ningún principio fundamental, ningún interés fundamental de la vida nacional, ni creencia alguna mía ni de mi partido, que yo deseo la paz y la concordia antes que la disidencia y la lucha; que vivo mejor en la paz que en la guerra, y me parece preferible un avenimiento honrado á una discordia, aunque pueda parecer fructuosa; que España no es tan débil que no pueda luchar, pero no debe mostrarse tan soberbia que no sepa transigir».

Con este criterio empezó el Gobierno las negociaciones con Francia, que constituyeron un timbre de honor y de orgullo para el Sr. García Prieto, pero que lo fueron también para el malogrado estadista, el cual, menos afortunado, no pudo contemplar el coronamiento de su obra. Por eso, al discutirse en el Congreso el Tratado franco-español, tanto el Marqués de Cortina como el Sr. García Prieto, dedicaron un recuerdo sentido á la memoria de Canalejas; por eso el Marqués de Cortina decía en la sesión de 13 de Diciembre de 1912: «Yo no sé, no pretendo averiguarlo, de quién fuera la iniciativa de la ocupación de Larache; pero la responsabilidad de actos tan importantes en la gobernación del Estado, cristalizan siempre, cuando fracasan, en la cabeza del Presidente del Consejo, y aquello fué un triunfo. El Sr. Canalejas hubiera tenido hoy uno de los días más felices de su vida; hoy le hubiéramos oído uno de sus más brillantes discursos. Nos abandonó en la jornada, no ciertamente rendido á la fatiga, sino víctima de la humana insinia y de la colectiva vileza. ¿Qué menos podemos hacer que dedicarle un recuerdo? El mío es bien sincero; que para los creyentes es bien seguro que saliendo del fondo del alma, como sale, seguramente llegará á la región etérea, donde moran los mártires y brillan los luceros».

García Prieto empezaba su discurso con estas nobilísimas palabras: «Sería de una injusticia notoria, de una ingratitud grande, que al ocuparse la Cámara española de este Tratado que tanto preocupó al gran Canalejas, en el cual cifraba tantas ilusiones, y cuya terminación ansiaba cuasi por minutos, cuya discusión, como decía perfectamente el Sr. Marqués de Cortina, hubiera iluminado con su elocuencia insuperable, hubiera ilustrado con su cultura grandísima y hubiera encauzado y dirigido con su gran patriotismo, no le consagremos este recuerdo, que yo no hago ciertamente, bien lo comprenderéis, para sumar responsabilidades á la mía, sino sencillamente para ofrendar en su tumba, aún caliente, la parte pequeña ó grande, vosotros sabréis decir lo que creáis que en ello hay de gloria, en este Tratado que, repito, nos costó grandes desvelos; juntos los experimentamos, y ahora, cuando llega el momento de poner el coronamiento á la obra, me ha tocado, por designio de la Providencia, el estar solo».

Los mismos conservadores, por boca del Sr. Maura y Gamazo, reconocieron en esta discusión, que la ocupación de Alcázar y Larache fué un acierto extraordinario, el mayor timbre de gloria de la situación liberal.

¡Qué abrumador trabajo! ¡Qué gran responsabilidad la que pesó sobre los señores Canalejas y García Prieto antes y durante el curso de las negociaciones con Francia! Porque al mismo tiempo que el Gobierno mantenía con firmeza los derechos de España, ante el extranjero, tenía que resolver las complicaciones de orden interior, as dificultades políticas, la resistencia de parte de la opinión, á todo lo que significase el desarrollo de nuestra acción marroquí. Al ver que se procedía á la reorganización del Ejército cherifiano, que se hablaba del ferrocarril de Tánger á Alcázar, que se preparaba la expedición á Fez, y que todo esto se hacía sin que, conforme al art. 2.º del Tratado de 1904, Francia contara con España, la prensa española empezó á mostrar su recelo;

El Imparcial esbozaba el 8 de Abril, la actitud de Francia, que iba á proceder por sí, olvidándose de nosotros.

«El Gobierno francés—decía Canalejas el día 8 de Abril—ha creído necesario avisar á las potencias signatarias del Acta de Algeciras, porque se ve obligada á hacer frente á acontecimientos importantes. Nosotros hemos contestado que España, fiel á sus compromisos, tomaba nota de esta advertencia, y que en el momento de adoptar sus medidas, haría honor á las obligaciones contraídas. Hay, naturalmente, el temor de que los graves acontecimientos de Fez tengan una repercusión en otros puntos del Imperio. Nosotros tenemos, pues, el deber de prevenirnos contra toda eventualidad en torno de nuestras plazas fuertes; tenemos así que llenar deberes impuestos por la prudencia, en todos los puntos en que se encuentren instructores españoles.

El Gobierno debe contar con el apoyo del país para las medidas que adopte en virtud de sus compromisos. Es una cuestión de honor. No se trata ni de una aventura, ni de una obligación que exceda de los límites de nuestros compromisos; tenemos necesidad de la confianza de todos para concertarnos con Francia.»

La entrada de los franceses en Fez, hizo declarar á Canalejas el 5 de Mayo, «que en razón de ciertas divergencias de apreciación se habían presentado al Gabinete de París observaciones amistosas, que eran objeto de un examen confidencial». El 7 de Junio, contestando á Soriano, Canalejas volvía á afirmar que España se mantendría en el estricto límite de sus deberes, pero sin faltar á sus compromisos por impotencia ó cobardía; y al día siguiente, al replicar al ilustre Presidente del Congreso, Sr. Villanueva, que presentaba el hecho de la llegada de los franceses á Fez y su extensión por todo el Imperio, hacía estas declaraciones:

«Nosotros tenemos una política establecida con una continuidad, con una solidaridad sucesiva y simultánea de los partidos, de Gobiernos y de otras muchas fuerzas que no gobiernan, y ahí estamos, y no tenemos el propósito de rectificar, ni sería sensato el rectificar, y deploro que se hable de tales rectificaciones en el Parlamento; porque se puede suponer que hay alguna fuerza política que las pide, y yo no la conozco. Nosotros perseveramos en todos los compromisos que se derivan de los Convenios y de los actos en que se ha ido tejiendo la relación internacional desde 1904 hasta el día de hoy en que hablo, y sobre cuya aplicación estamos en amistosa conversación con Francia, y á eso no faltaremos.»

Mientras tanto, moros protegidos de España eran asesinados, y sus cabezas conducidas en paseo macabro por Alcázarquivir; llegaba á nosotros el grito de alarma, el eco de dolor de los intereses españoles; entonces, sin disparar un solo tiro, conforme al texto mismo del Acta de Algeciras, fuimos á Alcázar y Larache. A partir de aquel momento, hubo un período en que la mayor parte de la prensa francesa, combatió con energía la acción de España. El Gobierno francés protestó dos veces de la ocupación de Larache y de Alcázar, bajo la presión del partido colonial; pero Canalejas declaró en 22 de Junio, contestando á Soriano, á Azcárate y á Iglesias, que no se prestaría España á dejar de conservar una pulgada del territorio ocupado. *Le Temps* afirmó que aquella intervención más eficaz en los asuntos marroquíes, era debida á que Canalejas había tenido que transigir con los conservadores en este punto, seguir su política, á cambio de la aprobación del proyecto de supresión del impuesto de Consumos... En este estado de inquietud y nerviosidad, entre la prensa francesa y la española, se produjo el incidente alemán de Agadir; parte de la opinión, recelosa de Francia, creyó que aquel hecho obedecía á una inteligencia entre el Imperio alemán y España, de la misma manera que eu 1905 la presencia de Guillermo II en aguas de Tánger se debió, según Tardieu, en su libro *La Conferance de Algeciras*, y Emilio Bourgeois, en su trabajo *Le probleme espagnol dans le questión du Maroc*, á indiscreciones españolas. La situación vino á complicarse por el incidente de Silvestre con Voisier, y más tarde por el de Thidiet; pero el Gobierno español supo, con prudencia y con habilidad, llegar á un *modus-vivendi* que hizo posible en Alcázar la coexistencia de franceses y españoles.

Las negociaciones frannco-alemanas duraron hasta Noviembre. La actitud de Inglaterra, manifestada en los discursos de Lloyd George y Asquith, violento el primero, conciliador el segundo, expresando ambos el espíritu del Gobierno y de la nación inglesa, mantenedora de sus compromisos con la República, interesada en el cumplimiento de los pactos internacionales respecto de Marruecos, contribuyó al término de una negociación ardua y fatigosa, en la que, según una frase sintética, Francia levantó la hipoteca de Alemania, dando doscientos mil kilómetros en el Congo. Entonces se planteó el problema para España. Todo el partido colonial, con gran influencia en el seno del Gobierno Caillaux, quería Alcázar y Larache. Era el criterio expresado ya en 1908 por el Marqués de Segouzac. Francia—decía en el libro *Le Maroc fisique, economique et politique*, tiene derechos naturales y totales de propiedad gloriosamente adquiridos sobre Marruecos, especialmente sobre aquella parte más rica y civilizada que se ofrece como admirable campo de acción á la prosperidad de la República.»

Gaston Calmette, el director del *Fígaro*, preguntaba, á pesar de su simpatía por España: «¿Gastamos la sangre de nuestros soldados y los caudales de Francia, para darle á España las más hermosas regiones de aquella tierra africana?» El comandante Thomason, en la revista *Cuestiones diplomáticas y coloniales*, exclamaba: «Los franceses no pueden reconocer á España su acción sobre Larache y Alcázar, que disloca el Marruecos sometido á la influencia francesa.» *Le Temps*, insistiendo en su campaña contra nosotros, pedía también nuestra retirada de esos dos puntos. *Le Matin* hacía análogas afirmaciones, y *L'Accion* terminaba uno de sus artículos diciendo: «Queremos que los españoles se retiren de Larache y Alcázar; queremos garantías para la costa Sur de Marruecos; queremos que una Policía con instructores franceses asegure el orden en los alrededores de Tánger hasta Arcila, por ejemplo; queremos que las tropas del Magzen, conducidas por nuestros oficiales, ocupen la región costera situada al Norte de la desembocadura del Sebú. Mediante este mínimum de rectificaciones, podremos consentir el que los valles rifeños orientados hacia el Mediterráneo, pertenezcan en propiedad á España, del Muluya á Ceuta.» Toda otra solución era considerada por gran parte de la opinión francesa, usando la frase de Caillaux, *como una especie de traición*.

Al empezar las negociaciones y publicarse el Tratado secreto franco-español, las censuras se dirigieron principalmente contra Delcassé, que había dejado en nuestro poder una extensión del Imperio mogrebino, estratégica y feraz. Inglaterra no podía menos de jugar un papel importante en los tratos franco-españoles, como lo había tenido, en los franco-alemanes. Por eso Hanotaux insinuaba ya esa intervención en un artículo publicado en París el 24 de Noviembre. «El Tratado franco-alemán—decía—reconoce eventualmente el protectorado francés sobre todo Marruecos. El Tratado secreto de 1904 preserva, en caso de cambio de régimen, el Norte de Marruecos á España. Es poco probable que los negociadores alemanes no hayan admitido la posibilidad de poner en contradicción sobre este punto la política de Inglaterra y de Francia. No es un secreto para nadie que Inglaterra ha sido la intermediaria del Tratado de 1904, y que ella sigue siendo, por decirlo así, el árbitro.» El partido colonial francés que esperaba en 1911 que los movimientos de protesta de determinados elementos españoles, detendrían la acción de nuestro Gobierno, trató entonces de impulsar á Inglaterra en favor de sus reivindicaciones, como una prenda de la eficacia de la Triple-entente que Morton Fullerton ponía en duda en *La National Review*. Pero Inglaterra no se prestó á hacer el juego de los coloniales franceses, y las negociaciones con Francia siguieron cada vez con mayor espíritu de cordialidad, porque al Gobierno Caillaux sucedió el de Poincaré, que decía en 1912 en la Cámara francesa: «A pesar de esas lentitudes, yo tengo confianza en que llegaremos á un resultado satisfactorio; es decir, no solamente á soluciones conforme al interés de nuestro protectorado, sino es más, al mantenimiento de nuestras buenas relaciones con España.»

De la lentitud no era culpable el Gobierno español. «Con la más notoria injusticia—decía Canalejas el 7 de Marzo de 1912—, con la más notoria injusticia con que se puede tratar á Gobierno ó Nación alguna, veo que hay quien escribe y telegrafía allá del Pirineo la especie inexacta de que el Gobierno español retrasa, dificulta, obstruye el curso de una negociación que tiene la más viva impaciencia por ver terminada. Estamos en los momentos críticos, en los momentos decisivos, y en estos momentos decisivos y críticos, nosotros, á la Cámara me dirijo, queremos que, para vuestro juicio definitivo, quede la más amplia libertad de todos, adversarios y amigos, pero queremos que suméis el concurso de vuestra autoridad moral con la nuestra para decir á los que tratan con nosotros, que tenemos, aun sin merecerlo, si queréis, la plena, la genuina, la autorizada representación del pueblo español.»

Para comprender hasta qué extremo llevaron los señores Canalejas y García Prieto sus deseos de servir los intereses de España, conviene reproducir aquellas palabras del Sr. García Prieto en la sesión del 13 de Diciembre de 1912 explicando la gestación del Tratado:

«Y en la negociación, cuando habíamos ideado la existencia de este jalifa, llegamos al punto de establecer las facultades ó atribuciones que habrían de corresponderle. Se nos pedía que el jalifa, bajo la dependencia del Sultán, en el sentido de que éste habrá de dictar los reglamentos generales, es decir, la legislación para Marruecos, la administración de Correos, ferrocarriles, etcétera, y había que tener la facultad de conceder el ferrocarril Tánger-Fez, ejerciendo la Compañía concesionaria la vigilancia á través de nuestra zona para garantir la seguridad de este ferrocarril. Se nos pedía también que hubieran de perdurar los intereses de los tenedores de los empréstitos con el controle de Aduanas de nuestra zona, y se nos exigía que en ella continuaran las garantías en favor del Estado francés.

La discrepancia, naturalmente, entre esta primera propuesta de los franceses y nuestra contestación, fué fundamental. Afortunadamente, después de varias contestaciones, Inglaterra propuso una fórmula sobre los reglamentos generales, y que la cuestión de las Aduanas, de las deudas ó de las garantías de los derechos del Tesoro francés, etc., etc., se sometiera á una Comisión técnica que hubiera de dar su dictamen en el plazo de un año.

Surgió la crisis francesa, cayó del Poder el Gobierno Caillaux, que era el que había hecho esas propuestas, vino el Gobierno presidido por Mr. Poincaré, y el 12 de Febrero de 1911 se me hizo otra propuesta, en la que, concediendo la necesaria amplitud de funciones al jalifa, se pedía el nombramiento de esa Comisión mixta propuesta por Inglaterra para resolver las cuestiones de carácter financiero. Acepté la propuesta del nombramiento de esta Comisión; pero pedí que se reuniera inmediatamente, y que el resultado de sus deliberaciones había de formar parte del Convenio hispano-francés.

Fué nombrada la Comisión; el Sr. Marqués de Cortina os ha dado gallarda muestra del acierto, repito, que tuve en la designación del personal que representara los intereses de España, puesto que á él le habéis oído, y las otras dos personas os son seguramente conocidas y evidentemente merecen el elogio de todo el mundo: el digno Director general de Aduanas, D. José Valdés, y el Subgobernador del Banco de España, D. Pío García Escudero. Discutieron mucho, el Sr. Marqués de Cortina os lo ha recordado, os ha dado una idea de cuál fué esa cortés, aunque empeñada contienda, en la cual, naturalmente, estuve constantemente al habla con tan dignos comisionados, y, por último, se llegó al acuerdo sobre los puntos que constituyen la parte financiera del Convenio.

Mientras tanto, de Gobierno á Gobierno estábamos discutiendo la cuestión de compensaciones territoriales, y la primera propuesta que se nos hizo por el Gobierno francés fué la de que nosotros habíamos de ceder Ifni, todo el Sur de Marruecos y la zona del Paralelo 26 á 27,40 y una rectificación del lado del Lucus. Es decir, que no solamente se nos pedía toda la zona Sur de Marruecos, sino, además, esa otra parte que linda con Río de Oro, y que, según el Convenio de 1904, no formaba parte de Marruecos, y según el Convenio de 1912, sigue no formando parte de Marruecos.

Más tarde, y debo decirlo porque así consta y es justo reconocerlo, por consideración personal del Gobierno francés á S. M. el Rey de España, se prescindió de seguir reclamando Ifni, por entender que ese era un derecho tradicional al que teníamos nosotros unidos nuestros sentimientos; y después se nos reconoció una gran parte de la zona fuera de Marruecos, pero se solicitaba Cabo de Agua, mas toda la cuenca del Uarga y la rectificación del lago del Lucus, aunque en menor extensión de la que primeramente se había formulado. Ofrecimos sólo parte de la zona Sur, un territorio en la zona Sur; vuelve á intervenir amistosamente Inglaterra, nos hace una propuesta sobre la cesión de determidada parte del Uarga, es inmediatamente aceptada por nosotros: no cree posible aceptarla el Gobierno francés, vuelve otra vez á intervenir Inglaterra, y, por último, en esto de compensaciones territoriales se llega á la delimitación que se consigna en el Tratado. Y expuesta así, sintéticamente, la marcha de las negociaciones, y siento fatigaros, especificados en el Tratado los detalles sobre la delimitación de estas mismas zonas, yo no tengo que deciros, señores Diputados, bien lo comprenderéis, que no había logrado detenerme donde deseaba, que hubiera quedado harto más satisfecho no yendo tan lejos; pero hecha esta declaración, también tengo que deciros con la mano puesta sobre la conciencia que, mirando por la zona Norte al Estrecho, y mirando por la zona Sur fronteriza de Canarias, yo estimo que ningún interés esencial de España ha quedado comprometido en el Tratado de 1912.»

De tal suerte y con tal tesón defendió España su derecho, que *The Times* nos acusaba en 4 de Junio de 1912 de intransigencia; pero á pesar de esto, Canalejas, al mismo tiempo que defendía con entereza los intereses de España, no quería que quedara entre Francia y nuestra nación ningún motivo de frialdad, ni de disgusto. «Nosotros aspiramos—declaraba el 31 de Octubre de 1911 al corresponsal de *Le Temps*— á una inteligencia completa con Francia sobre Marruecos, y en todos los problemas internacionales en los cuales podamos intervenir, y á mantener esas buenas relaciones con Francia, aun á costa de penosos sacrificios.»

En 29 de Diciembre, cuando la campaña de ciertos

periódicos españoles contra Francia cesa, Canalejas exclama: «Me siento satisfecho de que parte de la opinión cambie de actitud y se llegue pronto á un acuerdo amistoso.» En otras declaraciones, Canalejas afirmaba que él había sentido siempre una gran inclinación hacia Francia; que por su temperamento, por su educación, por sus gustos, veía en Francia un pueblo hermano, con el que había que estrechar cada día más, los lazos y la intimidad política. En Agosto de 1912, cuando ya las negociaciones estaban á punto de terminar, el corresponsal de *Le Journal des Debats*, Julio Causse, escribía desde San Sebastián admitiendo la posibilidad de la *entente franco-española*; es decir, que esta inteligencia que ahora parece precisarse con la llegada de M. Poincaré, y de la que podemos prometernos ventajas indudables en orden, sobre todo, á la colaboración estrecha de los dos países en la pacificación marroquí, fué obra de los Sres. Canalejas y García Prieto, que mantuvieron con toda dignidad los derechos de España, en aquellos términos de conciliación, en aquel ambiente de fraternidad, que era el más necesario para las orientaciones de nuestra política extranjera.

El Gobierno Canalejas, procuró desde el primer momento que nuestra acción en Africa, no fuese sólo una acción militar; que á la par que combatían nuestros soldados, laborasen los comerciantes y organizasen los políticos.

Sánchez Toca había publicado en los primeros días de Enero de 1910, unos artículos encaminados á probar que las desgracias de nuestra política en Marruecos obedecían á incoherencias y desconciertos, á la falta de un plan meditado. En Octubre de 1910, Basilio Paraiso afirmaba en su libro *Excursión comercial á Marruecos*, que aún no se vislumbraban horizontes nuevos, ni se advertía la campaña protectora y civilizadora del Gobierno. Pero en los días 12, 14, 15, 16 y 17 de Diciembre se celebraba en Madrid el IV Congreso Africano, y en él el Sr. Calbetón, Ministro de Fomento, pronunció un discurso, afirmando que desde que había entrado en el Ministerio había consagrado especial atención á este problema de Melilla; que se creaba un órgano en esta plaza, dependiente del Ministerio de Fomento, en el cual se refundían todas las atribuciones sobre las manifestaciones distintas del progreso y de la riqueza pública, de la agricultura, de la industria, del comercio y de las obras públicas. En ese discurso hablaba de establecer en Nador y en otros puntos la conducción de aguas y abastecimientos, enseñar á los rifeños los métodos modernos de cultura y de cultivo, de organizar la minería, de preparar, en suma, los fundamentos de nuestro desarrollo comercial.

Poco tiempo después iban el Rey y Canalejas á Melilla, y en Melilla hablaba Canalejas de la necesidad de fomentar nuestro comercio y hacer científica y práctica la ocupación en Marruecos.

Cuando se produjo la crisis política que llevó al Ministerio de Fomento á Gasset, éste, que ya había estado en Melilla durante el mando del Sr. Moret, acompañado de Ingenieros y hombres de ciencia, estudiando las necesidades de la población indígena, la conveniencia de crear granjas agrícolas, y escuelas hispanorifeñas, continuó brillantemente la obra emprendida por su antecesor.

Dice el ilustre General Marvá que los medios de comunicación son los que han de hacer eficaz la acción de

España en Marruecos. Esa es también la opinión de otro africanista, el Sr. Gutiérrez Sobral.

Durante el mando de Canalejas ocupó preferente atención el problema de las obras públicas en Marruecos, construyendo un número considerable de kilómetros de carretera y algunos de ferrocarriles; se estudiaron proyectos de vías férreas militares, en cuyas explanaciones y acopios de materiales se trabajaba activamente á fines de 1912. Si Canalejas hubiese vivido, á buen seguro que no se hubieran producido tristes y recientes sucesos, hijos de la ligereza y de la desorganización.

CAPÍTULO IV

El concepto moderno de la monarquía.—El rey y sus ministros.—Ideas de Canalejas sobre estos puntos.—Cómo las practicó en el poder.

Afirmaba el ilustre Azcárate en uno de sus discursos, que la Monarquía había dejado de ser en todos los países liberales una institución social, para convertirse en una institución política. Dentro de este concepto, el Rey es un servidor del Estado, la Corona recibe su poder de la nación, y entre ésta y el Soberano se establece aquella especie de pacto, de que hablaba Crispi en su carta á Mazzini. El Rey no es ya el único representante de la nación entera; no puede exclamar con Luis XIV: «El Estado soy yo», ni repetir con Francisco III de Módena á sus súbditos: «La justicia que os concedo, es una gracia que os hago», sino que tiene que llamarse con Federico el Grande el primer servidor de la nación, ó con Leopoldo II de Toscana, un delegado de su pueblo. Así como Atenas pasó desde la realeza al arcontado, por una transición gradual, casi insensible, así la mayor parte de los Estados monárquicos de Europa, han ido modificando la esencia de sus instituciones tradicionales.

Ese sentido democrático, el principio de que el poder real no arranca de la concepción teocrática é impía del derecho divino, sino de la voluntad del pueblo, fué profesado en España desde época bien lejana, no ya en el antiguo reino de Aragón, sino en los tiempos mismos de los monarcas absolutos.

Un historiador de Felipe II, Baltasar Porreño, cuenta que un predicador, que por espíritu de lisonja y adulación hacia el Soberano, había dicho que éste recibía su poder directamente de la Providencia, se vió al día siguiente sorprendido al encontrarse con los familiares del Santo Oficio, que le llevaban ante el Tribunal de la Inquisición para que respondiera de sus conceptos heréticos.

Ahí están aquellas obras, de religiosos algunas, *las Empresas*, de Saavedra Fajardo; las *Lecciones*, de Quevedo; el *Maestro del Príncipe*, de Otero; los *Discursos*, de Iñigo Gómez; *El Príncipe perfecto*, del P. Méndez; la *Dilatada filosofía de los monarcas*, y otras muchas, donde se desenvuelve la teoría de que nada debe de ser en el Rey superior al amor á su pueblo; de que los Reyes se han hecho para los pueblos, no los pueblos para los Reyes; y de que el origen del Poder real es aquel asentimiento de la nación, de que hablaba Santo Tomás, que legitima los Gobiernos.

La reacción detuvo el desarrollo de nuestras instituciones liberales. Si durante cerca de un siglo han luchado sobre el suelo de la Patria el absolutismo y la democracia, la democracia, que primero fué una idea, después una escuela, y más tarde un partido, es hoy la base del Estado.

Cierto que nuestra Constitución política presenta los caracteres de una Constitución doctrinaria; que la gracia de Dios atribuída al Monarca, por la que decía Sagasta que nuestra ley fundamental no tenía gracia de ninguna clase, es el último eco de una concepción teocrática; pero la Constitución, en lo que á la esencia de la institución monárquica se refiere, tiene que entenderse como el mismo Cánovas la había entendido y practicado. «La Constitución no es más—decía Canalejas el 19 de Diciembre de 1900—, no es más, como todas las Constituciones de los pueblos modernos, que un marco dentro del cual hay que encerrar el cuadro, una expresión geométrica en la cual hay que encerrar fuerzas vivas. La Constitución dirá lo que quiera, pero la práctica de la Monarquía es la de un íntimo consorcio entre las decisiones del pueblo y las iniciativas del Rey.»

Las Constituciones de las Monarquías parlamentarias —sostenía Moret— suponen la permanencia del poder hereditario, pero deben suponer también el acceso del movimiento popular de la opinión pública por canales legales, incorporándose, formando el desarrollo progresivo de los pueblos.

Por eso Canalejas en la sesión de 26 de Julio de 1886 exclamaba: «Así, para nosotros la Monarquía inglesa, la Monarquía belga, la Monarquía italiana, la Monarquía española, son mucho más fuertes, pueden hacer ostentación más legítima de su fuerza y de sus prestigios, precisamente porque no descansan sus cimientos en ningún principio absoluto, en ninguna teoría de fuerza, en ningún fundamento transcendental ó sobrehumano, sino porque se muestran intérpretes de las aspiraciones reflexivas y conscientes de la voluntad nacional y se asocian al sentido general de la vida del Estado, siendo los Reyes los grandes, los elevados intérpretes de la conciencia pública.»

En el discurso académico *Generación, vida y trans-*

formación de las leyes, hablando Canalejas de la institución monárquica, decía que su cúpula era aquella augusta personalidad, impersonal para las resposabilidades, y hasta para la crítica, á título sólo de mostrarse impersonal para expresar querer y servir el bien común; y en el discurso de Noviembre de 1900, preguntaba:

....

«¿Qué es ser monárquico? ¿Proclamar á todas horas, introduciendo un léxico intolerable, arcaico, los respetos debidos á las altas instituciones, á las altas personas, cuando no hay, en suma, más que un *altísimo*, que es aquel en que se consagran las inspiraciones divinas, y en todo momento y en toda ocasión creer que no hay más prerrogativa ni institución que la prerrogativa é institución monárquica? ¡Ah no!; institución es esta tribuna pública; institución es la libertad del pensamiento; institución es la libertad de enseñanza; institución es la Iglesia, la Universidad, el Ejército; institución es todo aquello, en suma, en que se encarna un elemento positivo de vida y de acción social. Régimen institucional era el que definía Lieber, en el más hermoso de cuantos libros se escribieron acerca de las instituciones modernas...

El país tiene sus prerrogativas soberanas; las tenemos nosotros, y las tienen todas las clases sociales; pero aquí, en fuerza de repetirlo, cuando se habla de instituciones, no se habla más que del Rey; y cuando se invocan las prerrogativas, no se invocan más que las prerrogativas del jefe del Estado. ¿Es ser monárquico traer á deshora intempestivamente á juicio y examen del Parlamento el nombre del Rey? El nombre de Dios, dice un precepto sagrado que no se debe tomar en vano para jurar por él. Pues el nombre del Rey no debe invocarse en vano y á deshora por sus Ministros. ¿Es que la Monarquía española es un campo atrincherado, es una fortaleza sitiada y defendida por cañones y bayonetas?

No; la Monarquía descansa en la Historia, descansa en el sentimiento nacional, y lo que hay que hacer es nacionalizar cada vez más la Monarquía.

Es un precepto constitucional, es una máxima de derecho parlamentario universal que el Rey es impecable, como dicen los ingleses; que el Rey es irresponsable, como decimos nosotros; pero no ha escrito nadie en parte alguna que el Rey sea infalible; y precisamente porque el Rey es impecable, según la doctrina inglesa, é irresponsable, según la doctrina latina, doctrina genuinamente española, no es infalible el Rey; pueblo, sociedad (ante todo el Rey, según Blaskdone y los grandes estadistas ingleses), viven sometidos á la ley. La ley es una norma imperativa que se impone á la conciencia augusta del Rey, el cual tiene un momento para intervenir en ella, y después de haber intervenido es el primer servidor de la ley misma.

En nombre del Rey, de la Monarquía, no se puede jamás autorizar la violación de la ley; en nombre del Rey no se puede hablar sino del derecho. Al Rey se le defiende con el derecho positivo, y cuando éste no basta, con otro nuevo derecho que se crea con el asentimiento de la voluntad pública». Y hablando de las relaciones entre los Reyes y sus ministros, añadía:

«Yo he aprendido en la historia constitucional de los pueblos cultos cómo los consejeros del Rey pueden no ser sus amigos, cómo los monárquicos no deben confundirse con los cortesanos, de igual manera que el Catolicismo es una religión y el clericalismo un partido político; entiendo que el monarquismo es el amor á la institución, y que el cortesanismo es la adulación á las personas... Buscan la Constitución y la ciencia jurídica garantías contra el error posible del Rey en el consejo de sus ministros, y por eso cuando el ministro no aconseja comete un delito de alta traición á la Monarquía, porque el ministro debe al Rey su consejo, la negativa de su firma cuando no puede encontrar acertado el consejo. Y cuando el Rey, encontrando fácil asentimiento en veleidosos consejeros se equivoca y yerra, el Rey es irresponsable, es impecable; pero el Rey y el pueblo sufren las consecuencias del error. ¿Cuál debe ser la conducta de un Gobierno que quiere nacionalizar la Monarquía y de un Gobierno que quiere evitar el posible yerro del Rey? Buscar en la conciencia pública antes que en la suya, contrastándolo después en su conciencia personal, el consejo que debe ofrecer al Rey. Cuando los hombres públicos que dirigen los partidos gobernantes se niegan á asentir lo que puede ser pasión, extravío ó inexperiencia del Rey, el error que éste pudiera cometer no se comete, y entonces ese ministro ha prestado ciertamente un servicio á la Patria, pero mayor aún se lo ha prestado al Rey».

Si la Monarquía parlamentaria supone un soberano constitucional, á nombre del cual los ministros, únicos responsables, ejecutan la voluntad de la Nación expresada por el Parlamento, este concepto implica todo el alcance de la responsabilidad ministerial. Un ministro no es un favorito, ni un secretario de despacho ó una marioneta que desfila por la Cámara regia, para rendir pleitesía á los atributos mayestáticos de la Corona.

Explicando Thiers cuál era la misión de un ministro, decía: «Yo he sido ministro, he tenido el honor de hablar con el Rey, y he tenido el honor, respetándole profundamente, de resistir sus órdenes. Lo que me ha hecho fuerte delante de él, ha sido la responsabilidad ministerial, porque he podido decir al Monarca: «Sire, sois inviolable, pero soy yo el que responde hasta con su vida; tengo, pues, el derecho de profesar una opinión y de defenderla.»

Cuando con apariencias de defender y sublimar prerrogativas del Rey, se habla de las facultades del Monarca, exclamaba Maura, contendiendo con Villaverde, lo que realmente se hace es menoscabar la sagrada inviolabilidad del Monarca, que se cubre con la responsabilidad de sus Ministros.

España ha experimentado tristemente las consecuencias del gobierno personal y de las intrigas de las camarillas palaciegas. El reinado de Isabel II, que empieza con la acusación vergonzosa de Olózaga, es la lucha de los hombres de gobierno contra las maquinaciones cortesanas. El Poder moderador tiene más en cuenta los consejos de sor Patrocinio que las manifestaciones de la opinión pública. El Marqués de Miraflores, el Duque de Sotomayor, García Goyena, el Conde de Cleonard y Lersundi pasan fugaces por los Poderes públicos. Narvaez mismo se encuentra un día sustituído por Istúriz, y un rigodón real motiva la dimisión de O'Donnell. Todas estas crisis inexplicables, sin intervención ninguna del Parlamento, contribuyeron á formar un espíritu de protesta y de revolución.

En Inglaterra, Guillermo III es el último Monarca

que escoge caprichosamente sus Ministros. De él dice Mac-Carthy en su *A history of our own times*: «El Rey Guillermo nombraba los Ministros sin otra causa que su personal inclinación». Pero desde entonces los Reyes recogen la expresión de la voluntad nacional, por el órgano del Parlamento.

Leopoldo de Bélgica en 1857 pronunciaba estas palabras: «Toda medida que tenga por objeto establecer la supremacía de un partido sobre otro, constituye un gran peligro».

El Rey, en su función propia de Jefe del Estado, tiene que servir de instrumento, para mantener el principio de que el país se rige y se gobierna á sí mismo, y, por lo tanto, para conservar esa armonía entre los distintos Poderes del Estado, y entre éstos y el poder fundamental de la nación.

En 1903 podía hablar Urzáiz de crisis orientales, cuando Villaverde sucedía á Silvela y á Maura, sin motivos justificados á los ojos del país. Hombres que no tenían la confianza del Parlamento, permanecían alejados indefinidamente de las Cortes, temerosos de su fiscalización.

Pero en los últimos Gobiernos, la regia prerrogativa aparece ya, ejerciéndose conforme á las inspiraciones de la opinión pública.

Canalejas, que había sustentado el criterio de que los Ministros no debían ser cortesanos, fué en el Gobierno fiel á estos principios; procuró que la Monarquía se orientara en el más amplio sentido liberal y apareciera ante las miradas de Europa como una institución moderna, como aquel órgano de coordinación del Estado, que expresa, quiere y sirve el bien común.

Había sido Cánovas el que hablara en cierta ocasión de asentar sobre la Monarquía el progreso de las ideas liberales, considerando á éstas como la base de la institución real española. Por esa evolución, cada día más acentuada de la Monarquía, Canalejas podía decir poco antes de que el Rey firmase el indulto de los reos de Cullera:

«No ha habido, señores, leyenda más fácilmente desmentida que la de la incompatibilidad de la Monarquía con la democracia, que la de los obstáculos tradicionales del Trono. Yo he merecido, no he merecido, he alcanzado sin merecerlo todos aquellos extremos de la bondadosa confianza regia, de toda la familia regia, sin que jamás haya plegado mi bandera, sin que nunca haya escondido mis principios, ondeando siempre al aire la enseña de mi partido, mis convicciones de toda la vida. Yo quería hacer esa demostración, y la quería hacer hoy, y es la de que cuando la Monarquía se entregó al partido liberal, sin límites; cuando todos los accesos á las cátedras, á las representaciones en el extranjero, á las organizaciones obreras, á las reformas sociales, se den igualmente á monárquicos y republicanos sin distingos, con esa política se conquista la noción severa del honrado ciudadano que sirve á la patria, sin acordarse de otro interés que el de la patria.

Así la Monarquía, abierta á todas las ideas, accesible á todos los hombres, sin resistencia para ninguna doctrina, sin preguntarle ni exigirle abjuración á nadie para alcanzar la enseñanza que educa el pensamiento, el arte que embellece y decora el espíritu en tantas y tantas formas de la actividad humana, creo yo que acabará por disipar el fanatismo de la forma de gobierno.

Canalejas procuró siempre en las crisis más difíciles, tanto en la total, promovida por la discusión en la causa del asunto Ferrer, como en la provocada por el indulto de los reos de Cullera, salvar por completo la responsabilidad del Rey, y que una aureola de popularidad fortaleciese la Monarquía. Azcárate reconocía, al presentarse el Gobierno del Sr. Canalejas después de la crisis de Marzo de 1911, que no había sido oriental, sino parlamentaria, completamente normal. Por el indulto de los reos de Cullera, la Monarquía tuvo desde aquel momento en Europa el respeto y la consideración de los partidos radicales; de tal suerte, que así como el perdón generoso otorgado á Villacampa acabó con los pronunciamientos militares, el acto de generosidad de D. Alfonso hizo terminar la leyenda de una España inquisitorial y torturadora.

Los conservadores han sido injustos con Canalejas, cuando afirman lo que Maura llamaba colaboración sórdida y premiosa, colaboración que Canals, en el artículo que sobre el malogrado estadista publicara en *Le Correspondant*, califica de siniestra.

En el discurso del 31 de Enero de 1912, Maura pronunció estas palabras: «La Monarquía que está rodeada de facciones, que está asediada por facciones, la Monarquía no resulta defendida. Queda bajo vuestra sola responsabilidad vuestra conducta. Nos llega el polvo de vuestra conducta; me he levantado para sacudírmele.» El recto espíritu del ilustre jefe conservador, siguió entonces los impulsos de la pasión política. Por eso Canalejas pudo contestarle con el aplauso de todos los elementos liberales:

«Habría, Sr. Maura, para hablarnos de peligros de la

Monarquía, que tener la autoridad de estar seguro que en ninguna ocasión la política de S. S. pudo comprometerla. Pues en 1909, dirigiendo S. S. el partido conservador, con los grandes y extraordinarios talentos, á los que siempre alude mi respeto, hablando S. S. (dejando aparte lo que sustancialmente representa la Monarquía, que creo superior á nosotros y á vosotros), es que con ese vigor y energía, la política del partido conservador acrecentaba la popularidad, el prestigio, la fuerza moral de la Monarquía.»

¡Tristes Monarquías aquellas que sólo puedan sostenerse por la fuerza! En cambio, ya lo decía Martos al censurar á Cánovas por no haber otorgado el indulto del regicida Oliva, que parecen los más generosos los más fuertes, y parecen más fuertes los más fáciles al perdón, sin peligro alguno para los que se apoyan principalmente en la libertad.

CAPITULO V

LOS PARTIDOS EN ESPAÑA.—EL PARTIDO LIBERAL Y
CANALEJAS. — LA SINCERIDAD ELECTORAL Y LAS
ELECCIONES LIBERALES.

Si en países más adelantados, de régimen político más perfecto, está en crisis la concepción de los partidos como instrumentos de gobierno, como medios de difusión de las ideas; si en todas partes falta una norma y un criterio fijo para la determinación de esas agrupaciones impuestas por la diversidad de los principios que se disputan la gobernación del Estado; claro está que esa crisis ha de ser aún mayor en España, donde los partidos son casi siempre, no expresión de la voluntad de los ciudadanos ú órganos de la conciencia pública, sino ficticias organizaciones preparadas para el disfrute del Poder.

Delpech, en su notable trabajo *La nation de parti et le party government*, muestra recientemente esa mayor incoherencia del grupo político. Ya antes Ostrogorski, examinando la teoría del dualismo, la existencia de dos grandes partidos, procedentes de una concepción opuesta de la organización y de los fines del Estado, había escrito: «Esa teoría, según la que la especie humana se divide, naturalmente, en dos tendencias, de la que deducen que habrá siempre dos partidos permanentes, tiene su justificación en la teología y se quiere aplicarla á un hecho de antropología ó de psicología política». La situación actual parece dar la razón á Ostrogorski cuando vemos el ejemplo de Inglaterra, donde los partidos históricos han evolucionado para conjurar su decadencia, y la mayoría radical ofrece un fraccionamiento extraordinario. Aun en los días en que el partido liberal inglés tenía como jefe á Gladstone, no pudo vivir sino con el concurso de radicales como Chamberlain, Bright, Dilke y Mundella, y lo mismo que Gladstone, lord Melbourne, Canning y Salisbury, tuvieron que gobernar con coaliciones.

En España, durante los primeros años de la Restauración y la Regencia, turnaron dos partidos, cuya evolución es digna de notarse. Después de que el partido liberal con Sagasta á la cabeza, realizara para su gloria el programa político de 1886, inscribiendo en las leyes del país los grandes principios de la democracia, sufrió las tristezas de 1895 y 1898, perdiendo popularidad y prestigios, que necesitaba rescatar con un programa acomodado á la evolución de las ideas. El partido liberal y el conservador eran entonces, según la frase de Gamazo, monstruos de biología política, con cabeza desproporcionada, con tronco escuálido y sin vasos capilares, que les enlazasen con la Nación; eran, usando palabras de Canalejas, planas mayores sin soldados. Los Parlamentos respondían á esta falta de opinión política, y las mayorías se veían dedicadas, decía Maura, á un perenne certamen de docilidad y de vilipendio.

Cree Dillon, en el libro publicado en 1898, *The ruin Spain*, que las desgracias que habían caído sobre España eran debidas á la falta de espíritu colectivo y á la carencia de verdaderos estadistas. El indiferentismo político era dañoso para el país, pues se habían ausentado de la vida pública y de la gobernación del Estado las clases neutras é intelectuales. Y así como Silvela pretendió fundir en la unión conservadora fuerzas independientes, asociadas para gobernar al antiguo partido conservador, así Canalejas quiso con su programa democrático levantar el pulso deprimido de la nación, sustituyendo á los cuadros históricos de la familia liberal una organización poderosa, con ramificaciones extendidas por todas las capas sociales, apta para el progreso de las ideas y para la práctica de un verdadero sistema parlamentario. Para ello predicó la alianza, la unión de todas las fuerzas democráticas, é hizo un llamamiento caluroso á la intelectualidad, á los hombres de la ciencia y del saber. Canalejas había sido siempre partidario de la aproximación entre los partidos monárquicos y republicanos, para realizar una obra provechosa á la libertad y al país.

Como Moret en 1875 cuando pensaba que la Monarquía era la mejor garantía de la libertad, Canalejas fundaba en 1884 la razón de ser de la izquierda, en la necesidad de atraer á la esfera de la legalidad y de la paz grandes masas rebeldes que vivían en la violencia.

En 1889 requería el concurso de fuerzas afines que quería ver unidas, por una consideración patriótica superior. En 1900, al enarbolar una bandera radical y tratar de impulsar al partido liberal en esa dirección, encarándose con Sagasta, le dice: «¿Quiere ser S. S. verdadero jefe, no del partido liberal—eso es muy poco para el señor Sagasta—quiere ser jefe de todos los liberales? Apóyese en la plebe y someta á la nobleza.

Yo he suspirado siempre por una gran fuerza liberal; yo creo que aun no estando los liberales dispersos, estando divididos, entre monárquicos y republicanos, el triunfo es de las derechas... Para pesar en la vida nacional y para transformar este país, para hacer la España nueva, que se consuele de su presente y de su pasado, para eso es necesaria una gran concentración democrática y expansiva.»

Para defender la libertad de conciencia y el Poder civil de las inspiraciones del fanatismo, había que acudir al sentimiento de todos los hombres liberales.

En 1901, Canalejas insistía en las mismas ideas en el artículo de *Nuestro Tiempo*, *La última tregua*, y en 1902, en el mitin de Ruzafa, al que acudieron republicanos y socialistas, Canalejas exclamaba: «Soy monárquico, y vengo á pediros á vosotros, como á todas las fuerzas republicanas de España, que me ayudéis si por ventura tenéis amor á las soluciones y á las ideas que profeso».

En 1903, Canalejas dice en el Congreso: «Afirmaba Montero Ríos que era necesario llegar en el avance hasta las izquierdas de las fuerzas monárquicas, hasta los mismos linderos de la República; y yo digo: no sólo hay que ir á los linderos de la República, sino que hay que traspasar esos linderos para decir que frente á la concentración de las fuerzas de la derecha de la sociedad y de la política española, las fuerzas de la izquierda tienen desde esa línea y desde esa frontera, innegable solidaridad».

Al ser elegido Presidente del Congreso en 1906, Canalejas, como Ruiz Zorrilla, dijo al tomar posesión de su cargo: «Aspiro á simbolizar en la política española aquellas tendencias más acentuadas de la extrema izquierda del partido liberal, tal como lo sueña mi noble ambición, dilatando sus fronteras para recoger, no por estímulos de la seducción y de los halagos personales, sino por la satisfacción viva y fecunda del ejemplo moralizador de los hechos, grandes inteligencias, grandes fuerzas perdidas para el bien de la patria y alejadas del régimen vigente».

Y formado el bloque, en los discursos de Logroño y Murcia, Canalejas, encarándose con los que se creían defensores únicos de la Monarquía, pronunciaba estas palabras: «Tenemos autoridad para decir que ellos, cuando se ven contrariados en sus intereses ó creen que están en peligro sus prestigios, amenazan con la guerra civil, y en ligas de frondas, en conjuras de damas, se disponen á armar el brazo de los tradicionalistas, mientras que nosotros, con nuestras reformas y con el sacrificio de nuestra popularidad, hemos desarmado á la Revolución y nunca hemos amenazado con ella».

Canalejas en el Poder no desertó de estas ideas y de estos principios, pues pidió para realizar su obra anticlerical, el concurso de las izquierdas; y en los mismos momentos de lucha con los elementos radicales por los sucesos del verano de 1911, Canalejas afirmó de un modo solemne en su discurso ante los Comités liberales, que él se había mostrado siempre partidario de esa inteligencia, pero que él no podía tampoco faltar á sus deberes como monárquico y dejar incumplida su obligación de gobernante.

En el discurso de Noviembre de 1900 Canalejas se dolía de que siempre que había formado parte de Gobiernos del partido liberal, no encontró en su seno sino dificultades, resistencias y antagonismos. ¡Bien podía quejarse de ello el ilustre demócrata, pues cuando en 1902, después de formularse el programa de Abril, entró, dando pruebas de gran desinterés, á desempeñar la cartera de Fomento, halló en el Gobierno la prevención y el recelo, y en el hemiciclo del Congreso, la actitud hostil de correligionarios, que le hacían objeto de ataques, victoriosamente rechazados. Fué en Noviembre de aquel año, al separarse de Sagasta, cuando al contestar á éste, que le acusaba de perturbar con sus radicalismos el partido, expuso lo que entendía él por radical, exclamando: «¿Qué significado tiene esta palabra? Conste que yo no la había pronunciado en el debate; conste que es el señor presidente del Consejo el que, olvidando el pacto que sellaron el Sr. Alonso Martínez y el Sr. Montero Ríos, entiende que en vez de ocupar el partido liberal todas las posiciones que van de la extrema izquierda del partido conservador á los límites del republicano, es un partido en el cual no caben las soluciones que yo he sostenido por transacción y sólo por transacción, pero en las cuales no se detiene mi pensamiento; porque mi pensamiento va más allá. Necesitaba y necesito recoger ahora fuerzas y elementos gobernantes que están acostumbrados á ciertos criterios doctrinarios, porque como la política hay que hacerla con gente, yo necesito constituir una fuerza gobernante; yo no sé si seré radical ó no; lo que es que yo, por mi voluntad, contra la actitud del Sr. Sagasta, he dejado de ser sembrador de ideas y aspiro á gobernar á España. Radical para el señor presidente es ser utopista. No confundáis el matador con el cirujano; el matador da la muerte sin justicia y sin necesidad; el cirujano escruta la víscera, hace saltar sangre, liga arterias, produce un gran trastorno orgánico; pero si el uno hiere para la muerte, el otro para el bien y para la vida. Yo soy radical como el cirujano, no soy radical como el matador. Radical, sí; pero radical como vosotros. ¿Por qué me alentáisteis? ¿Por qué los más de vosotros, unas veces en expansiones públicas, que me abrumaban por lo inmerecidas, me decíais: sí, ¡adelante! El partido liberal tiene su oriente en el progreso democrático; el partido liberal debía confundirse con las falanges republicanas y atraerlas. ¿A qué decadencia ha llegado el partido liberal, que eso, que es vuestro programa histórico, eso que es vuestra tradición, eso que es vuestro sentido íntimo, se expulsa del partido, por radical?».

Canalejas desde el banco azul, defendió la política radical, como la había defendido desde los escaños rojos.

«Los más grandes estadistas han sido los más radicales, decía el 18 de Octubre de 1910. Pues ¿qué fué Gladstone sino un radical? ¿Y Cavour? Gladstone transformó la Constitución inglesa, aquella Constitución inglesa inconmovible, asentada sobre dos grandes cimientos, de una Monarquía cien veces reconocida y consagrada por la Historia y por el respeto de su pueblo y de una aristocracia que aún era más fundamental en la Historia que en la Monarquía misma; luego un régimen de autoridad grande en la Metrópoli, luego una unidad de tres grandes expresiones étnicas que habían formado la Gran Bretaña; y todo eso lo descompuso, y la aristocracia, con su Cámara de los Lores, pasó á un segundo plano, ascendiendo la Cámara de los Comunes; y el Rey, Soberano definidor de la ley, que no podía atenerse á una Constitución escrita, pasó á ser el primer Magistrado de la Nación, con aquellas limitaciones que la pluma brillante y la elocuencia elegante de Gladstone han definido cien veces. Y así transformó toda la historia tradicional de Inglaterra, y decía entre otros Franqueville que al contemplar la vida constitucional inglesa, el régimen inglés, en veinticinco ó veinte años había sufrido una transformación tan grande, que de una edición á otra de sus obras, ya apenas se conocían.

Ser radical—añadió—no consiste en atropellar toda realidad, sino en ir apartando las impurezas que rodean á la realidad, porque no hay nada más radical que la realidad y la verdad; no hay nada más radical que las realidades de la vida para concretarlas en forma social ó política.

En el discurso de 1902, al que nos hemos referido, Canalejas expresaba lo que debía ser un partido y las relaciones entre los partidos y sus jefes. «El señor Presidente del Consejo—exclamaba—entiende que el primer dogma de un partido político, es la obediencia á todos los dictados del pensamiento del jefe. No conozco ninguna fe ciega, ninguna confianza incondicional; la fe religiosa, ni es ciega ni es incondicional; se impone á las conciencias por aquella iluminación divina que Dios deposita como gérmen de nuestras idealidades morales, que se afirma en tantas circunstancias de la vida y á diario se santifica con la oración. La adhesión incondicional, ni Dios la quiere, porque *Él* la quiere condicionada con la recta voluntad, con el convencimiento del fin por la asociación al bien ajeno, por tantas y tantas condiciones como tiene aquella espiritual relación que eleva al espíritu á las alturas; y si no la tiene, y si no la gozan los grandes deliquios espirituales de la fe religiosa, ¿cómo la ha de conseguir, con ser tan eminente, la personalidad del digno jefe del partido liberal?»

La conducta de los hombres del partido liberal, que habían impulsado á Canalejas á esas propagandas democráticas, que al llegar al Poder se sintieron conservadores, merecía los donaires con que afirmaba Silvela en uno de sus discursos parlamentarios, que muchos políticos eran como aquel canónigo que tan admirablemente describía Tirso, refiriéndose á sus copiosas comidas y á sus reposadas sobremesas:

    Que nunca hallaba á Dios bueno
    sino después de comer...,

de la misma manera que esos políticos sólo conocían la prudencia, cuando habían jurado el cargo de Ministros.

Las ideas de Canalejas en la oposición, las practicó en el Poder. Según él, los partidos habían perdido aquella su antigua rigidez, de la misma manera que los programas no tenían ya carácter dogmático. Los programas se caracterizaban por tendencias, por orientaciones, que súbitamente fulminaban en fórmulas temporales, para resolver cada problema, bajo el imperio de las circunstancias. Los jefes no eran definidores inflexibles que lanzaban los dardos de la excomunión contra los rebeldes, díscolos é insumisos.

Decía D. Aureliano Linares Rivas de Cánovas, que éste, como Casimiro Perier, durante la Monarquía de Julio en Francia, mantuvo la cohesión de la mayoría por la admiración y el temor que inspiraba á sus amigos.

Canalejas durante la época de su mando, venciendo tantos obstáculos, no lanzó excomuniones contra nadie. Canalejas no trató de imponer su jefatura, sino que quería que ésta surgiera espontáneamente, por la reflexión y el asentimiento de todos.

Así proceden los liberales ingleses. Maeztu habla en uno de sus artículos del sentido de la disciplina política, tal como se entiende en Inglaterra, donde el partido liberal no es una oligarquía de primates, sino un instrumento de la democracia.

La acusación de debilidad que contra Canalejas formulaban sus enemigos, se fundaba en ese concepto suyo de las jefaturas. No tenía á sus amigos por instrumentos dóciles y serviles, sino por colaboradores reflexivos y conscientes. «Mi debilidad, decía en la sesión del 3 de Julio de 1912, no es la de la energía moral insuficiente, no es la del temor á las consecuencias de este empeño, es la de los grandes afectos que profeso á todos los hombres con quienes he trabajado juntos en el partido liberal.»

No se crea por esto que aceptó nunca las situaciones equívocas ni humillantes. Cuando al discutirse el Mensaje, el Sr. Moret trató de señalar al Gobierno el camino que debía seguir, Canalejas exclama:

«Yo no puedo aceptar que se me tasen los minutos, sujeto al lecho de Promoteo, de un procedimiento determinado; no sería un gobernante, sería un subordinado.»

Para algunos el Gobierno Canalejas, la democracia palatina, como la llamaba *España Nueva*, significó un retroceso en la política liberal, y, sin embargo, todas las principales resistencias y dificultades que Canalejas encontró en el seno de su partido, fueron al querer realizar una política avanzada é implantar reformas progresivas. Por eso un día, á los pocos meses de ocupar el Poder, Martinez del Campo, le dice que procede con poca mesura, con el Vaticano; por eso al votar en Junio de 1911 la supresión del impuesto de Consumos, se abstienen varios diputados y senadores liberales; por eso en 1912, Moret proclama la intangibilidad de la ley de Jurisdicciones, Groizard en el Senado le excita á que no realice una política radical, y el conde de Romanones en el discurso de Santander, acentúa la necesidad de una inteligencia con la Santa Sede.

La opinión pública extranjera comprendió, quizá más que la española, todo el sentido progresivo que animaba al ilustre estadista. Al mismo tiempo que después de la crisis de Febrero, el Sr. Moret declaraba á un corresponsal del *Times* que el Gobierno Canalejas era una *bandera democrática que se empleaba para cubrir una mercancía reaccionaria*, y que los elementos radicales le acogían también con prevención, los principales órganos del liberalismo europeo, veían en Canalejas una positiva esperanza. «Si Canalejas gana la partida, decía *L'Independence belga*, se podrá creer en la reorganización del partido liberal sobre bases nuevas.»

Para *La Lanterne*, *L'Action* y otros periódicos radicales de Francia, la llamada de Canalejas indicaba un paso decisivo de la Monarquía, hacia la izquierda. *L'Humanité*, tras de censurar enérgicamente al Sr. Moret por su política, confiaba en el nuevo Gobierno, diciendo que Canalejas era inteligente, liberal, estaba alejado de las *coteries* palatinas, y podía realizar una gran obra democrática. En Bruselas, en un gran mitin, Vandervelde acusaba también al Ministerio Moret de no haber cumplido sus deberes, en la cuestión de la amnistía, esperando mayor energía en su sucesor; y Lorand, después de comparar á Moret con el católico belga Beenaert, añadía que en Canalejas podía tenerse más confianza. El órgano oficial del *Labour Party The Labour Leader*, escribía por su parte: «Canalejas es el más avanzado de los jefes liberales de España, y el más preeminente de sus políticos. Canalejas es el Chamberlain de España, en los días en que Chamberlain era demócrata radical. Algunos republicanos le combaten, pero Canalejas ha dado una amnistía que Moret rehusó otorgar, hasta que se abriera el Parlamento», é ideas análogas expresaba el publicista G. H. Ward, autor del libro *Troubles in Spain*...

El liberalismo histórico no tenía razón de existencia, había agotado todo su contenido, y el programa de Canalejas, recogido en las columnas de *L'Humanité*, era el programa de un partido radical europeo. «Aunque no llegue á vías de hecho, decía *El Liberal*, comentándolo, siempre habrá bastado para determinar la transformación del inútil partido liberal, en un partido radical, apto para todo.»

El partido liberal y el régimen parlamentario tenían, según Canalejas, escasa fuerza por falta de sinceridad electoral. Canalejas pensaba como Silvela, como Azcárate, como Maura; como la mayor parte de los políticos españoles, que esa decadencia del régimen, dependía de la falta de sinceridad política. Ya Martos, encarándose en 1885 con el Gobierno, exclamaba: «Sois vosotros los que estáis detrás, manejando los resortes de la máquina electoral.» «¡Ojalá—decía Cánovas en 1888.—que lleguemos á tener un cuerpo electoral que pueda presentar á la Corona los candidatos ministeriales, que pueda traer Parlamentos independientes, y que pueda de una manera indirecta, por medio del Parlamento, designar los candidatos para Ministros.»

En 1901, el Conde de Romanones confesaba, con toda ingenuidad, la forma en que se hacían las elecciones en España. Al censurar Romero Robledo el modo cómo se habían elegido los Diputados de la mayoría, el Conde de Romanones contestó: «Este Gobierno no sólo ha hecho Diputados á sus amigos, sino que también ha hecho á los Diputados amigos del Sr. Romero Robledo». Estas palabras retrataban toda la impureza del sistema, porque no sólo los Gobiernos en España forman sus mayorías, sino que preparan también la oposición.

«Para mí, Sres. Diputados—decía Canalejas el 26 de Julio de 1886—, para mí el gran problema de la libertad y de la democracia en nuestras Monarquías, para mí la clave de todo el sistema parlamentario, es la sinceridad electoral. Considerad que la prerrogativa que más conmueve á la opinión, que si algo pudiera hacer olvidar la idea de la impersonalidad y de la irresponsabilidad sería ella, es la prerrogativa de la disolución.»

Esta idea, que Canalejas profesó toda su vida política, inspiró sus actos de Gobierno. Las elecciones de Mayo de 1910 constituyeron un título de legítimo orgullo para el partido liberal, para los Sres. Canalejas y Conde de Sagasta.

«Si hubiese perdido las elecciones—afirmaba Canalejas el 9 de Mayo—, mucho lo habría sentido; pero con una gran tranquilidad de conciencia me hubiera retirado á mi casa, pues jamás hubiese amañado una mayoría falsificada.»

Esa neutralidad del Gobierno fué reconocida por órganos de todos los partidos, la prensa nacional y extranjera. Lo mismo los periódicos republicanos que los conservadores proclamaron la moderación del Gobierno. «Hay que aplaudir la imparcialidad de Canalejas—escribía *Le Temps*.» «Es la primera vez que en España se respeta la voluntad de los electores—afirmaba el gran órgano liberal belga *L'Independence.*»

CAPÍTULO VI

La cuestión religiosa.—Canalejas y el anticlericalismo.—Su obra de gobierno.

Don Salvador Canals, en el artículo que en *Le Correspondent* consagrara al Sr. Canalejas, acusaba á éste de haber suscitado la cuestión clerical, que realmente no existía en España, y que no ha sido otra cosa que una improvisación artificial, sugerida por el anticlericalismo francés, de fines del siglo XIX.

Fué Cánovas, el que hablando en el Congreso de los Diputados el 11 de Abril de 1864, declaraba que era en vano oponerse á la invasión del espíritu general; que siempre las mismas ideas, las mismas instituciones, prevalecen en el mundo; que el espíritu humano es uno, y todo el que lucha contra este concepto de difusión de los principios, es vencido sin remedio. Traemos á cuento estas palabras de Cánovas, para sacar la consecuencia de que es un error pretender, como lo hace el Sr. Canals, que son los partidos los que crean movimientos convencionales de opinión, que no son las necesidades y las corrientes públicas las que impulsan á los hombres y á las agrupaciones en una dirección determinada.

De la misma manera que en 1880, se produjo un movimiento anticlerical en Europa, y el propio Gobierno conservador hubo de promulgar el decreto Bugallal sobre las Comunidades religiosas; en 1899, la política de Waldeck-Rousseau tenía que repercutir en casi todas las naciones de Europa. Ante todo, no es posible presentar á Waldeck-Rousseau, uno de los más grandes hombres de Estado, Gastón Deschamps lo demuestra, como un juguete de las logias masónicas y del espíritu demagógico. Waldeck-Rousseau merece bien de la Francia liberal y aun de las personas piadosas, pues trató de encauzar jurídicamente, aquel sentido anticlerical, hijo de graves sucesos políticos, de la cuestión Dreyfus, del renacimiento de las esperanzas reaccionarias, del acrecentamiento de la mano muerta, de tantas y tantas cuestiones como, abandonando la esfera de las ideas, habían bajado á la plaza pública, perturbando el orden y la tranquilidad de la República.

Así como en 1911, hubo en toda Europa lo que se llamó la *epidemia de la agitación*, así, á partir de 1900, crece y se afirma en los pueblos la tendencia anticlerical, la afirmación de los fueros del Poder civil; en Italia empieza la lucha de radicales, republicanos y socialistas contra las Ordenes religiosas, lucha en la que se llega á la declaración del ministro Fani, de que las Comunidades religiosas no se reconstituirán nunca como entes jurídicos, y en la que, el Tribunal Supremo italiano, en las sentencias de 29 de Marzo de 1908 y 20 de Mayo de 1910, declara nulas todas las disposiciones testamentarias y donaciones hechas por personas, interpuestas á favor de Ordenes monásticas; en Bélgica, los radicales presentan una proposición de ley suscrita por Janson, el jefe del progresismo que democratizó el partido liberal, empleando el calor de su entusiasmo en denunciar enérgicamente, como Gambetta en Francia, el peligro clerical, la ingerencia del ultramontanismo en todos los dominios de la vida pública; en Inglaterra *La Protestant Alliance*, lleva á los tribunales ingleses la cuestión de la entrada, en el suelo británico, de los religiosos expulsados de Francia, hace comparecer á tres jesuítas ante el juez Kennedy, y obtiene la declaración de que está subsistente el derecho de la Corona para aplicar la ley de 1829, prohibitiva de las Ordenes religiosas, y en Portugal se llega al decreto de Hintze Riveiro... ¿Es que los hombres liberales de España no iban á responder á esta corriente poderosa, tanto más cuanto que, diga el Sr. Canals lo que quiera, y piensen los ultramontanos lo que se les antoje, la cuestión clerical en España es un problema que afecta á la raíz, á la esencia y á los fundamentos de su organización política?

En 1900, el Gobierno Azcárraga había acentuado la nota conservadora; abortaba un movimiento carlista, se perseguía á la prensa por iniciativa de las autoridades eclesiásticas; el asunto de la señorita Ubao, al abandonar á su madre enferma por la inducción de un jesuíta, ponía de manifiesto los excesos de una captación espiritual, que no trataba de realizar los altos fines religiosos, sino de responder á egoísmos bien terrenos. España sufría á un tiempo mismo la emigración de los frailes filipinos, con todos los prejuicios, con todas las intransigencias de los que habían ejercido una acción política desgraciada para España y la de los religiosos de Francia. En 1886 había en España 19.000 religiosos de ambos sexos; en 1900 pasaban de 50.000. Desde 1901 á 1910 se establecieron en España 187 casas de frailes y 310 de monjas...

Contra esta invasión protestaban las clases comerciales, ahí están los mensajes del Círculo Mercantil; protestaban las clases obreras, que veían una competencia en los conventos; protestaban los maestros laicos, por hallarse en condiciones desfavorables para luchar con los colegios de religiosos. Todo este conjunto de fuerzas hubiera contribuído á robustecer los partidos republicanos, sino procuraran los hombres liberales y demócratas encauzar por vías legales el movimiento de protesta. Eso lo proclama Roberto Meynadier en su libro reciente *L'idee republicaine dans les pays monarchiques de l'Europe*.

Si el anticlericalismo hubiese sido tan sólo bandera de los republicanos, éstos hubieran contado con una fuerza mayor en el país.

Para mortificar injustamente á Canalejas, algunos contribuyeron á extender la torpe historia de que Canalejas había estado en tratos con los elementos clericales, en tiempos del famoso manifiesto del General Polavieja; pero, tanto en el debate de 1900, como en el de 1910, Canalejas pudo demostrar cumplidamente, que si se había hablado de la formación de un partido nacional, el manifiesto del General Polavieja lo mismo podía conducir, según la frase de *El Correo Español*, á la libertad de cultos que á la unidad católica. La significación de Canalejas había sido siempre la de defender los fueros y prerrogativas del Poder civil; jamás sonó su voz para afirmar principios contrarios ó para atenuarlos con eufemismos y concesiones.

Canalejas es el que ya en 1884 discutía con Cánovas sobre las relaciones entre los Poderes eclesiásticos y el Estado, diciendo que no podía admitirse que una potestad extraña al Estado rigiera los actos públicos que en el Parlamento hubieran de votarse; es el que afirmaba el matrimonio civil, defendiendo la sustancialidad del matrimonio como una institución jurídica; y es el que en 1900 combatía, no el sentimiento religioso del país, que siempre tuvo para él profunda consideración y respeto, sino el poder de la creciente mano muerta, que iban condensando instituciones que no eran la Iglesia.

Canalejas quería para su patria un catolicismo liberal y tolerante. «Es evidente, decía el 17 de Diciembre de 1900, que la fuerza moral, educadora, religiosa, constituye el aliento de toda civilización antigua y moderna; es para mí evidente que el día que desterráramos á Dios de nuestras conciencias individuales y de la vida de la sociedad, habríamos desterrado la suprema energía, el supremo aliento de todo progreso y de toda vida. Pero reflexionad en qué condiciones debe desarrollarse esa fuerza. ¿En nombre de qué principio filosófico sustentan los escritores de derecho público eclesiástico la existencia de las Ordenes religiosas? En nombre de la gratitud, de los servicios sociales que están llamadas á prestar.

Pues ese principio espiritual, esa iluminación de la conciencia por el sentimiento religioso, todo eso no puede abandonarlo la Iglesia; todo eso es de un interés social supremo, un interés de conservación nacional. Porque ¿no habéis visto vosotros, no habéis observado, que al mismo tiempo que se presenta una desintegración de riqueza, de territorio ó de potestad en alguna de las regiones de España, se presenta una desintegración católica?

¿No habéis visto cómo esa desintegración católica se inicia allá en algunas rías del Noroeste y alborea en algunas zonas meridionales de la Península? ¿Qué revela eso? Revela la suprema necesidad de contribuir á que el sentimiento católico sea conciliador, tolerante, dulce, compatible con la libertad y el derecho progresivo del país. Las almas no pueden vivir sin ese alimento espiritual; y el día en que vosotros, por la intransigencia de una compatibilidad entre la noción de su perfectibilidad humana y este principio religioso, las despojéis de ese mismo principio, unas se refugiarán, y ya se han refugiado grandes masas sociales en el indiferentismo, y otras harán profesión positivista; pero no faltará tampoco el estímulo de religiones adversas que pugnan con nuestras tradiciones, con nuestra historia, con nuestros sentimientos, hasta con nuestras aspiraciones nacionales, que van recogiendo el depósito de todas aquellas conciencias expulsadas por el fanatismo á nombre del principio religioso, que es armonía y paz.

La Iglesia, y apelo al testimonio de los escritores contemporáneos, de los que definen esta materia en la Universidad pontificia de Roma, en la cátedra de *Sapientia*; la Iglesia, según todos ellos vienen diciendo con perfecta razón, es una dogma eterno, inmutable; pero es en su evolución histórica, progresiva y circunstancial. Dicen ellos que hay tres categorías de Estado á las que la Iglesia aplica tres categorías de relaciones, y establecen, en suma, por eso es tan grande la autoridad, la sabiduría y el prestigio del Papa glorioso que rige los destinos de la Iglesia; establecen, en suma, que la acción espiritual de la Iglesia católica, compatible con la autoridad y la independencia de los Estados, es una teoría muy prolija; allí el oscuro é intransigente clerical, que abomina de la civilización, que repugna lo que él llama el liberalismo y atenta contra el derecho moderno, ese tiene una fórmula muy escueta: anatema, excomunión, amenaza; pero el gran pensamiento, el gran espíritu que dirige é informa la ciencia y la educación eclesiástica, ese es complejo. Ocurre en la vida del Estado lo mismo que ocurre en la vida de la Iglesia. Regir un Estado moderno es una labor muy vasta y muy delicada, que requiere múltiples aptitudes, estudio incesante; regir la Iglesia, dominar las conciencias en la vida moderna, es obra, tanto de virtud y castidad como de cultura, de inspiración y de sabiduría; pero es, además, y con esto definitivamente termino, un aspecto de la vida pública, una noción indeclinable para todo Estado que quiere subsistir por el prestigio de su autoridad y el respeto de su derecho, que es en la Iglesia y en toda nación religiosa el respeto á la libertad de conciencia y aquel sentido de la caridad evangélica, con el cual Cristo conquistó las almas, con el cual el Evangelio conquistó los pueblos, y con el cual pueden identificarse los sentimientos religiosos y la conciencia de nuestros deberes políticos.»

«No soy—afirmaba el día 11 de Julio de 1903—partidario de la separación de la Iglesia y del Estado, pero menos lo soy de la dependencia de éste.»

Cuando Canalejas pronunció sus primeros discursos contra el clericalismo, sus detractores dijeron que eran un plagio de los de Waldeck-Rousseau. A éste le atribuyeron los clericales franceses que había reproducido argumentos de debates sostenidos sobre comunidades religiosas, en la Confederación Helvética.

No sólo Canalejas, todas las personalidades del partido liberal, habían aceptado la necesidad de la política proclamada por Moret, en el mitin de Zaragoza. No ha habido hombre de la izquierda en España, que no se declarara partidario de la secularización de las funciones del Estado, de la reglamentación orgánica de las Asociaciones religiosas.

¿Pues qué, en 1903 no fué el Conde de Romanones el que mostró la mayor impaciencia y el más vivo anhelo por la pronta aprobación de una ley de esa naturaleza? No sólo los liberales, los mismos conservadores, el Sr. Villaverde, había hablado del excesivo aumento de las Ordenes monásticas, y Maura fué en 1904 á una negociación, pero á una negociación que no dejaba á salvo los derechos del Estado y las prerrogativas del Poder civil.

Canalejas no iba tan lejos, como los liberales de otros países habían ido; no aspiraba, como Herbst en Austria, á derogar el Concordato de 1851; quería, sí, la reforma del Concordato, sobre la base de la soberanía del Estado y de la libertad religiosa.

«Yo, al precio de vejámenes—decía en el mitin de Murcia—, he mantenido incólume mi convicción. Se dice que no es fácil concebir nuestra propaganda en favor de la libertad de cultos, porque todos los españoles son católicos, y la libertad se otorga en pueblos, donde luchan distintas confesiones religiosas. Pero entonces, ¿qué peligro hay en conceder la libertad de cultos? Servirá para que los extranjeros no encuentren en España imposiciones que les hagan ingrata su permanencia, y aun su visita, que contrasta con la amplia libertad que se disfruta en todo el mundo civilizado y aun el por civilizar.

Otros suponen que no somos católicos los varios millones de españoles que no confundimos el catolicismo con el clericalismo. Y una de dos: ó somos católicos y no hay que temer el otorgar la libertad de conciencia que merme las huestes del catolicismo, ó si esos millones de españoles no son católicos, pierde su valor el argumento.»

«Hay que llegar á un Concordato—exclamaba en el mitin de Logroño—; pero no forjado por el mandato del Vaticano, sino que represente un gran convenio moral, que permita la ilimitada libertad de conciencia y que la Iglesia se atenga á cumplir su misión espiritual, amparada por el Presupuesto.»

Canalejas, como Azcárate y Melquiades Alvarez, era un convencido, de que en España había un problema clerical que resolver, un problema que amenazaba conducirnos á aquel extremo que describía el gran orador Melquiades Alvarez, á que un día, cuando nuestros descendientes recorriesen el mundo sin hogar y sin patria, como los pobres hijos del pueblo deicida, alguien exclamara con tristeza al contemplarles: «He aquí los supervivientes de aquella desgraciada España, que un día fué gloriosa por la fe, pero que después murió abrazada á la cruz del clericalismo, abominando de la ciencia y escarneciendo la obra del progreso moderno.»

Canalejas, al subir al Poder, tenía que hacer honor á los compromisos, contraídos en la oposición. Dice el ilustre escritor Sr. Canals, en el artículo de *Le Correspondant* á que nos venimos refiriendo, que todo lo que en orden á la cuestión política-religiosa realizara, se limitó á una autorización de signos exteriores de varias capillas protestantes, á una ley temporal sobre el establecimiento de nuevas casas religiosas, con preceptos que ya había convenido con el Vaticano un Gobierno conservador, y á la presentación del proyecto de ley de Asociaciones, aún no discutido. Es más, Canals cree que la actitud de Canalejas, era una estratagema para prolongar la esperanza de los radicales, respecto del cumplimiento de sus promesas.

Y si esto es así, si ninguna de las reformas propuestas por Canalejas tenía importancia bastante para alarmar al Catolicismo, ¿por qué la campaña violenta promovida desde el primer momento por todos los elementos clericales de España, contra el malogrado Presidente del Consejo de Ministros? ¡Porque la saña de los ultramontanos, saña que le acompañó hasta la muerte; pues un periódico, órgano de los jesuítas, *La Gaceta del Norte*, veía en el crimen del 12 de Noviembre, nada menos que el dedo de la Providencia! Dice el Sr. Canals, y esa es una afirmación inexacta, que las extremas derechas, nada hicieron para oponerse á la obra de Canalejas. Entonces, ¿qué significa todo lo ocurrido en el verano de 1910? ¿Qué explicación tienen sucesos que empiezan con un *ultimatum* de la Santa Sede, tratando de ingerirse en los negocios interiores del Estado? Habla el Sr. Canals de la falta de diplomacia del Gobierno en sus relaciones con el Vaticano; pero sería mejor referirse á la falta de prudencia de la Santa Sede, desde que ocupa el Solio Pontificio Pío X y la Secretaría de Estado, Merry del Val. En ese verano de 1910, y al mismo tiempo que la Curia romana alentaba contra el Gobierno del Sr. Canalejas las demasías clericales, el Vaticano se encontraba en situación difícil en Bélgica, en Alemania y en Austria, por la publicación de la Encíclica *Editæ sæpe*. ¿No llegó á declarar un sacerdote católico alemán, muy ilustrado, el cura de Donaueschnigen, en Julio de 1910, que Merry del Val comprometía los intereses del Catolicismo?

¿Esa campaña clerical contra Canalejas, que empieza por el *ultimatum* de la Santa Sede, no sigue después manifestándose por la protesta del Episcopado español y por la cruzada de todo el verano de 1910? «Hemos empezado la lucha—exclamaba *El Universo* en el mes de Julio—. El Papa no es en España un poder extraño, es tan nacional, tan español como el Rey y las Cortes en lo temporal; así, que romper con el Papa, es romper con España.» Los clericales preparan la manifestación de Bilbao. Como el Gobierno la prohibiera, por razones de prudencia ante el temor de un choque entre clericales y socialistas, fué la prohibición considerada como un atropello. ¿No pretendieron ir á San Sebastián en son de guerra cuando la población, tranquila y sosegada, los rechazaba? ¿No se constituyeron las Juntas católicas con alardes de provocación belicosa? ¿No alardearon de que con autorización ó sin autorización del Gobierno celebrarían la manifestación, en la capital de Guipúzcoa? «Sabremos ser mártires—escribía *El Pensamiento Navarro*—, que por encima de España está Dios, está nuestra sacrosanta religión.» El jefe del partido carlista, Feliú, daba con fecha 3 de Agosto, instrucciones para un acto que el Gobierno prohibía. Muchos carlistas se lamentaban de que no resurgieran las guerras civiles. Un corresponsal de *El Correo Catalán*, describía la contrariedad de un manifestante que torcía el gesto al ver que no se iba á la lucha, diciendo: «Tengo prisa, porque como ya cumplí los setenta años, pronto no podré sostener el fusil en las manos.» ¿No hubo de reconocer por entonces *La Época* que los carlistas, respondiendo á aquel atávico impulso de rebeldía y de facción, de que en vano se había procurado por sanarles, se lanzaban por un camino peligroso y contrario á la ley? Fracasada la manifestación de San Sebastián, los ultramontanos organizaron los *aplechs* de Cataluña, suscitando en las masas católicas, en las gentes sencillas, la creencia de que era un propósito de descatolización el que animaba al Gobierno Canalejas. *La Voz de la Tradición*, de Barcelona, llegó á afirmar que Canalejas había aconsejado al Rey que se quitase el título de católico. *El Norte de Gerona* del 7 de Agosto, insinuaba que podía atentarse contra la vida del Papa; pero el anciano Pontífice —añadía— lleno de dignidad, «morirá como San Bonifacio si es preciso, pero morirá como Papa.»

Un semanario católico hacía esta pintura de la situación de España:

«La revolución prospera, la Monarquía se hunde, la moralidad desaparece, la religión es perseguida y el orden peligra. Públicamente se proclama la licitud del atentado personal, se hace la apología de los asesinos, se glorifica á los ladrones é incendiarios. La deuda pública crece, los tributos aumentan, los proletarios se sublevan contra el capital y las huelgas surgen en todas partes. Los que deberían ser custodios de la ley la pisotean; los que deberían ser defensores del derecho lo quebrantan; los que deberían dominar la revolución son dominados por ella.»

Tras los *aplechs* de Cataluña se preparó la manifestación magna del 2 de Octubre, y obispos y sacerdotes, olvidando su misión de paz y de caridad, emplearon contra Canalejas todas las armas, incluso las del agravio y el insulto. Hay que leer el discurso pronunciado por Canalejas el 8 de Octubre de 1910, para comprender hasta dónde llegó la procacidad ultramontana y el deseo de perturbar el país, con el estímulo de las pasiones religiosas.

«¿Creéis vosotros—decía el jefe del Gobierno después de esa lectura nada edificante—que he pagado este tributo al humorismo propio ó al deseo de proporcionar un rato ameno á la mayoría? No; he leído todo esto, señores carlistas é integristas, porque vosotros leéis lo que escriben otros, pero no leéis lo que escribís vosotros. Yo he reproducido todo esto, para que sepan las mujeres honradas, los hombres virtuosos, las gentes nobles que se ruborizan de semejante lenguaje, los hombres de honor, que creen que para defender la religión no hay que atacar el honor ajeno, que éstos son los argumentos que se esgrimen.»

Y después, ante aquella actitud de violencia, invocando el recuerdo de lo ocurrido durante el reinado de don Amadeo, cuando la Santa Sede aceptó en principio la libertad de cultos, Canalejas exclamaba:

«Yo puedo sostener, cualquiera puede sostener, aunque se proclame fervoroso católico, la libertad de cultos en España, no sólo por la enseñanza de aquel espectáculo hermoso que ofrece la grey católica en todos los pueblos adelantados del orbe, donde sabe vivir en confraternidad admirable con todas las comuniones religiosas, sino por las mismas palabras del Pontífice, por los mismos escritos de Roma, por los archivos diplomáticos, por los antecedentes de la Curia vaticana y del Gobierno de España.

Pues qué, cuando un Gobierno que sirve y aconseja al Rey D. Alfonso XIII, sobre cuyo fervor creyente y religioso no tengo nada que hablar, pero á cuyos actos y los de sus predecesores tenéis mucho que agradecer; cuando un Gobierno se presenta ahora ante todo el que quiera combatir sus tendencias en el problema clerical, invocando lo que está escrito en el discurso del Trono, que por ahora nosotros no podemos exceder, aunque yo más ansío y más deseo, cuando se presenta así, ¿se le van á oponer con este lenguaje faccioso, con esta actitud rebelde, obstáculos que no se suscitaron á los hombres de la revolución? ¿Es que por ventura se transige con los violentos y los airados y no se sabe transigir con los pacíficos y los respetuosos?»

«Con un solo ciudadano que no fuese católico, afirmaba en su discurso de 18 de Octubre de 1910, habría bastante para que dentro del espíritu que nos anima siguiéramos la marcha de la civilización moderna, propugnara yo la libertad de conciencia, tratara de escribirla en las leyes y de despertar en mi país una corriente de opinión favorable á la libertad de cultos.»

Canalejas quería desenvolver los principios de la libertad de cultos con la Constitución del 76, pero en ese mismo discurso insinuaba la necesidad de la reforma constitucional, si encontraba dificultades en la obra de secularización emprendida.

Canalejas había dicho en el discurso de Logroño de 1908. que el Estado debía llegar con la Iglesia á un gran Concordato moral. Esa misma idea fué mantenida en sus discursos como jefe de Gobierno; pero ese Concordato moral de paz y de armonía, no era el cumplimiento estricto de un convenio, caído en desuso en alguna de sus partes.

Un Concordato, además, no equivale á un pacto civil ó de derecho mercantil, ni hay analogía entre un Concordato y un Tratado de propiedad intelectual, de comercio, de extradición, de cualquier clase que sea.

No son Tratados, aun dentro de la esfera privativa del Derecho público, aun en la expresión contractual de parte á parte, de soberanía nacional á soberanía nacional, en los que tampoco rige la interpretación limitativa del Derecho civil.

En los Concordatos hay otro régimen distinto; porque el Concordato es singular, porque nadie que haya aprendido Derecho eclesiástico, Derecho canónico, Disciplina eclesiástica, puede desconocer que sólo por ignorancia ó por malicia, cabe admitir la paridad entre un Tratado celebrado por dos Potencias y el celebrado entre el Vaticano y una nación cualquiera. Eso es irrespetuoso para el Vaticano, contrario á la Disciplina eclesiástica y contrario al Derecho que regula la materia. Fué el Papa Pío IX, el que negó á los Concordatos ese carácter que ahora prentenden darles los ultramontanos.

Canalejas, no sólo promulgó la disposición, autorizando los emblemas exteriores de los cultos disidentes, sino que planteó también en el Parlamento la supresión del juramento religioso, adelantándose en esto á la misma republicana Francia.

«En España no puede ser, no será, decía el jefe del Gobierno el 19 de Noviembre de 1910, contestando al Sr. Zulueta, que la profesión de una convicción religiosa incapacite á ningún ciudadano para ninguna función, absolutamente ninguna, del Estado. No ha de exigírsele al ciudadano é imponérsele aquella profesión, bajo la fe de un juramento en que no cree, ó si cree por lo mismo que cree, porque no se puede imponer para ejercer funciones públicas el ejercicio de un culto, porque la expresión externa del culto no se puede encerrar ni cohibir dentro de las formas arquitectónicas. que traza la desconfianza, la resistencia del Poder público á reconocer la libertad de cultos, la libertad de cultos que es un gran derecho. ¿Qué digo? Un gran predicado de la conciencia humana, no una tolerancia, no una licencia del Poder, que con ser tan grande en la apariencia, es demasiado pequeño para atreverse á disponer en materia tan augusta. Eso está consagrado, más alto que todo poder humano, porque es algo divino impreso en la conciencia por el Creador.»

Estas palabras de Canalejas, la ley aprobada, resolvían una cuestión que en Italia fué objeto de largos y apasionados debates, recogidos en el libro de Brunialti, *La Iglesia y el Estado en Italia*. Para desempeñar una función pública no es necesaria la profesión de ninguna fe religiosa.

Canalejas resistió las conminaciones pontificias, y se negó á someterse dócilmente á la Curia romana. Con aquellas disposiciones legales á que nos hemos referido, con su actitud frente al Vaticano, suspendiendo las negociaciones, con la ley del candado y la Real orden obligando á la inscripción á las Ordenes religiosas; Canalejas ganó para España y para la Monarquía española, las simpatías de toda la Europa culta, no sólo de los órganos radicales que los reaccionarios llamarían *anarquizantes*, sino de los propios conservadores y moderados. *The Times*, el gran periódico conservador inglés, decía:

«La protesta del Gobierno español parece haber sido necesaria, después de la intimación del Vaticano, respecto á que era indispensable para continuar las negociaciones, que el Gobierno español retirase todas las medidas adoptadas recientemente, con tendencia á la tolerancia religiosa. Como se trata de disposiciones puramente civiles que no atacan de ningún modo ni á la religión ni á la posición del clero católico romano, parece procedimiento demasiado fuerte por parte del Vaticano el lanzamiento de un *ultimatum* de ese género. De ningún Gobierno podía esperarse la sumisión á tal demanda.»

El *Daily Telegraph*, también conservador, escribía: «Lo interesante para los observadores extranjeros es que «el espíritu moderno»—al cual se opone tan obstinadamente la política del Vaticano—está actuando en España, que el Rey Alfonso se halla en confesada simpatía con él, y que la Iglesia y el Estado libran nuevamente su antiguo combate en el país más católico de Europa.»

Y otro periódico conservador, el *Daily Express*, afirmaba lo siguiente: «El triunfo del Sr. Canalejas debe vigorizar la acción de todos los Gobiernos. La entereza con que ha procedido, ha salvado á España de una explosión que habría originado terribles efectos.»

El gran periódico norteamericano, *New York Herald*, aseguraba que el Gobierno de Canalejas *salvaría á España*; y los periódicos alemanes tenían el mismo lenguaje de alabanzas.

Berliner Tageblatt, indicaba que la primera condición para que mejorase el estado de nuestro país era que éste se librara del parasitismo monacal, que no sólo le priva de gran parte de sus recursos naturales, sino que además paraliza un inmenso caudal de fuerzas activas.

La *Gaceta de Colonia*, elogiaba también al Gobierno de Canalejas, y la *National Zeitung*, escribía: «Una atmósfera nueva flota sobre el Escorial polvoriento, un nuevo viento arrastra el polvo de los siglos.»

En Bélgica, muchos católicos no comprendieron cómo en el siglo XX se daba el ejemplo inaudito de la intolerancia española, y el gran escritor Roland de Marés, publicaba en *L'Independence Belge* un hermoso artículo titulado *La España libertada*, en el que se decía:

«Es preciso desear ardientemente que Canalejas triunfe en su hermoso esfuerzo por la más noble de todas las causas, la libertad de conciencia. Si triunfa, ningún hombre de Estado habrá merecido de su país más que él, porque habrá libertado á un pueblo de una tutela envilecedora y habrá salvado á España de la decadencia irremediable, á que parecía condenada por la ignorancia y el fanatismo.»

«El Vaticano continúa, naturalmente, sosteniendo que Canalejas ha querido la ruptura, y que la Santa Sede no podía adoptar otra actitud, porque el Gobierno de Madrid pretendía modificar la situación de las Congregaciones religiosas, antes que terminaran las negociaciones con la Santa Sede. Este punto de vista es totalmente falso, puesto que el Sr. Canalejas exige simplemente que las Congregaciones se sometan á la ley. Lo que es inadmisible es que el Vaticano pretenda intervenir en los asuntos interiores de España; que proteste contra una interpretación de la Constitución española, por el Gobierno español. Este es el hecho brutal de una ingerencia intolerable para un Gobierno consciente de su dignidad.»

La Flandre Liberale, se encaraba con los católicos belgas, para decirles:

«Es visible que los acontecimientos de España contrarían terriblemente á nuestros buenos católicos belgas. Ellos que pretenden ser los mejores defensores de la libertad, no tienen el derecho de censurar á un Papa que se muestra tan intransigente. Nosotros hemos interrogado sobre este asunto al *Bien Public*, y éste ha eludido prudentemente la respuesta. Esta piadosa confusión no puede menos de aumentar la alegría de los anticlericales belgas, que siguen con viva satisfacción los acontecimientos que se producen en España.»

El órgano de Ginebra, *La Tribune,* reflejaba el pensamiento suizo, y especialmente el del cantón que había votado la separación de la Iglesia del Estado.

«En España todo lo que toca á la religión será escrupulosamente respetado; los derechos de los Obispos serán amparados; pero se dará al César lo que es del César, dejando á la Iglesia todo lo que tenga carácter espiritual».

El mismo juicio favorable merecía el Gobierno español á *La Tribuna*, de Roma, órgano de Giolitti y al periódico *Vita*, que representa en la prensa al grupo de Sachi. En toda Italia, con igual espíritu, se manifestaban *Il Laboro*, de Génova; *La Stampa*, de Turín, é *Il Corriere della Sera*, de Milán.

En Francia toda la prensa, excepto *La Croix*, se puso resueltamente al lado del Gobierno español, y *Le Temps*, representante de una tendencia moderada del republicanismo francés, escribió:

«Pío X y su principal colaborador pretenden negociar rígidamente, sin la menor idea de la ductilidad, sin querer apreciar las contingencias, los compromisos, las concesiones, todos esos elementos, en suma, que en tan gran parte entran en todas las negociaciones. Cuando hombres como Briand ó Canalejas dicen sinceramente que son conciliadores, su declaración se aprecia en el Vaticano como una ironía provocadora. No se concede nada al error cuando se cree estar en posesión de toda la verdad. En cuanto la discusión comienza, la ruptura se consuma. Durante el Pontificado de León XIII las negociaciones con el Vaticano tenían un carácter político; bajo Pío X las negociaciones son puramente dogmáticas. No hay, por consiguiente, manera de discutir. Entre estas dos maneras de concebir el papel del Pontificado en el mundo, sólo la conciencia individual puede decidir.

Pero conviene hacer notar que desde el punto de vista de los resultados, el método de Pío X es singularmente audaz. Tiene la indiscutible ventaja de la unidad y de la simplicidad. Pero lleva en sí mismo, cuando se aplica á las realidades contemporáneas, una tan serena ignorancia de esas mismas realidades, que cuando llega el fracaso dijérase que el fracaso era buscado.»

La energía de Canalejas frente al Vaticano, rehabilitó á España, é hizo posible que en el extranjero se modificase el concepto de que éramos un pueblo, perdido irreparablemente para la cultura y el progreso.

CAPITULO VII

La ley de asociaciones.—El problema de la enseñanza

Canalejas había, pues, sostenido que los liberales, las aspiraciones constantes del partido liberal, antes y después de la Revolución de Septiembre, durante la Regencia y el reinado de D. Alfonso, se cifraban en obtener la libertad de cultos, no en hostilidad, sino en amor á la Iglesia, sin romper vínculos que habían trabado en su labor tantos siglos, y de los que derivaban obligaciones jurídicas, estados de derecho, que la Revolución misma no desconoció. Sustraer la enseñanza oficial al imperio de los dogmatismos, regular dentro de una ley común de Asociaciones los institutos monásticos, eran compromisos ineludibles del partido liberal.

La ley de Asociaciones de 1887, supuso en España un gran progreso, y vino á reconocer de un modo categórico el derecho de asociación. Los tratadistas modernos la presentan por su amplitud y elasticidad, como digna de servír de ejemplo y de enseñanza. Los hombres del partido liberal que la promulgaron, no creyeron que escapaban á sus preceptos las Asociaciones de carácter religioso. Ahí están los discursos de los señores Calvo Muñoz, del Sr. Mellado, del presidente de la Comisión, Sr. Garijo, y aun del propio representante de la minoría conservadora, Sr. Fernández Villaverde, consignando la igualdad absoluta de todas las Asociaciones creadas al amparo de la Constitución de 1876. «Yo—decía el Sr. Fernández Villaverde—, cumpliendo el honroso encargo de mi partido, acudí al seno de la Comisión á fin de pedir para la Iglesia el derecho común»; y añadía: «La Comisión accedió en este punto; por lo tanto, ya nada tengo que decir en la materia, porque el partido conservador al pedir el derecho común que ampara la libertad de la Iglesia y el derecho europeo que defiende al Estado, ha obedecido á dos principios transcendentales de su doctrina, defendiendo la religión y la Monarquía, esas dos grandes creencias de la patria, que son como los ojos de su grandeza pasada y de sus destinos futuros.

Pretender que toda asociación católica, está al amparo de la ley de 1887, pero exenta de su reglamentación, como afirma el Sr. Buitrago en su obra relativa á las Asociaciones religiosas, es un absurdo jurídico, pues si la ley la protege es á cambio de que se encuentre sometida á los preceptos mismos sancionadores del derecho.

El antiguo concepto regalista, que representaba el progresismo histórico, fué sustituyéndose, á partir de la revolución de 1868, por aquel otro democrático, de libertad para todos los fines de la vida humana, pero de libertad condicionada por el derecho. Por eso Montero Ríos, que en 1871, siendo Ministro de Gracia y Justicia, había presentado á las Cortes un proyecto de dotación del clero catedral, diciendo en el luminoso preámbulo que el derecho de asociación, consagrado en el art. 17 de la ley fundamental, autorizaba á las Asociaciones religiosas para establecerse en España, viendo que ese régimen de derecho común se había transformado en un régimen de privilegio, declaraba en 1908 á un corresponsal del periódico alemán *Lokalanzeiger:* «Es preciso que vayan suprimiéndose todos los privilegios temporales y aun políticos que conservan el clero y las instituciones religiosas, para que entrando la Iglesia en la esfera amplia del derecho común se purifique, emancipándose del virus temporal y político, que corrompe su influencia.»

En 1903, discutiendo con el Sr. Maura, los Sres. Canalejas y Melquiades Alvarez, precisaban qué alcance había de tener una ley de Asociaciones. La ley de Asociaciones de 1887 tenía un carácter abstracto, y al mismo tiempo, que había que acomodar todo el desarrollo de la vida moderna á las nuevas concepciones del derecho, era preciso buscar garantías contra el desarrollo de la mano muerta, contra la acumulación de la propiedad territorial, contra la acumulación excesiva de medios económicos puestos al servicio de fines meramente espirituales, y contra una enseñanza congregacionista, que se apoderaba del corazón de la juventud.

¿Con qué criterio abordó Canalejas, al llegar al Gobierno, el problema de la ley de Asociaciones?

Canalejas, tanto en 1901, interrumpiendo en un discurso al Ministro de la Gobernación, D. Alfonso González, como en Noviembre de 1903, había declarado que era partidario del derecho común, y quien decía derecho común, decía regulación jurídica, sin privilegios favorables ni odiosos.

Al hablar Moret en el mitin de Zaragoza, consagragró buena parte de su discurso á la cuestión de las Asociaciones religiosas, pidiendo también para ellas la ley, el derecho común.

«La ley de Asociaciones—preguntaba por eso Canalejas en el Senado—¿será una ley singular? ¿Será una ley excepcional contra ó sobre las Ordenes religiosas? No. Hubo que presentar una ley que aparentemente podría revestir ese carácter, por mi nunca bastante alabado amigo el Sr. Dávila, por apremio de las circunstancias, pero esa ley no responde al concepto que he mantenido sobre la ley de Asociaciones. Además, cuando las Asociaciones obreras, cuando tanta y tantas formas de asociación, respondiendo á fenómenos nuevos de la vida social y del orden económico, están requiriendo la atención de todos los hombres pensadores, no puedo presentar una ley sólo para las Ordenes religiosas, ni quiero tampoco desencuadernarla en términos que parezcan que vamos á ir tejiendo una serie de leyes segregadas ó disgregadas regulando con diversos criterios al mismo derecho, no; yo quiero el derecho común; el derecho común es el compromiso del partido liberal.»

El Estado—decía Martos, en una ocasión solemne—que proclama la libertad de asociación para todos los fines de la vida humana, no puede negarla para las más altas devociones del espíritu.

Pero si el Estado no prohibe la asociación religiosa, no puede en el orden civil admitir los votos perpetuos; tiene que considerarlos, según el concepto de Taine, admitido por Floquet en el proyecto francés de 1888, como expresión libremente renovada del libre albedrío, sin sanción jurídica en la esfera del derecho positivo.

En la forma de constitución de las Asociaciones se presentaban dos criterios distintos: el de la autorización previa y el del registro que había sancionado la ley de 1887. Retroceder en este punto, era no sólo contradecir el concepto jurídico predominante en el derecho moderno, sino hacer una obra que iba á ser igualmente combatida por las derechas y por los radicales.

Azcárate había señalado como un gran progreso de la ley de 1887, que ésta reconocía la personalidad social como una obra espontánea del concierto de las voluntades individuales.

Es cierto que el Código civil alemán de 1900, establece el sistema de la autorización previa para las asociaciones políticas, político-sociales y religiosas, pero dentro del mecanismo de nuestro Derecho, no pueden prohibirse sino aquellas Asociaciones que se propongan un fin contrario á la moral ó á las leyes.

La ley de 1887 había referido la ilicitud de las Asociaciones al Código penal; es decir, que eran ilícitas las contrarias á la moral pública ó las que se propusieran realizar uno de los delitos castigados en el mismo Código.

¿Pero cuál es el concepto de la moral pública? La sentencia del 28 de Enero de 1884 lo precisa en el terreno legal, diciendo que significa la conformidad de las acciones del hombre con las leyes naturales y positivas, en cuyo sentido la moral pública es referente á las acciones que salen de la esfera privada, que afectan á los intereses generales de la sociedad.

Para el gran orador Ríos Rosas, la moral pública era la suma de los sentimientos, de las ideas, de las costumbres, de los hábitos, de las tradiciones que respecto del orden moral representaba un pueblo. Montero Ríos creía que la ley moral tiene fundamentos eternos; esos principios que forman un Código escrito con caracteres indelebles en el espíritu humano; esos principios que no son patrimonio de ningún pueblo, de ninguna edad, de ninguna civilización, ni siquiera de una religión positiva; esos principios que forman, por consiguiente, la conciencia de todos los hombres.

Un gran político italiano, Zanardelli, había afirmado al discutirse el Código italiano, que el derecho de asociación terminaba únicamente allí donde empezaba el delito.

Pero los preceptos del proyecto, en lo relativo al número de individuos que habían de formar la Asociación, en la defensa de los menores de edad contra las captaciones posibles de su débil espíritu, en la declaración de la ineficacia civil de los votos perpetuos, en las limitaciones puestas al ejercicio por las Órdenes monásticas, de la industria, el comercio y la enseñanza, en las precauciones para evitar el acrecentamiento de la mano muerta, en las medidas gubernativas y judiciales con objeto de impedir una desviación de los fines estatutarios ó un empleo ilícito de los medios sociales, y sobre todo en la afirmación de la soberanía del Estado para legislar sobre esta materia, sin contar con la Santa Sede; venían á consagrar los principios liberales.

La ley de Asociaciones de 1887, en su relación con el Código civil, es en sus reglas vaga y deficiente.

El Código, en este punto, y principalmente por su artículo 37, se limita á la escasa, y casi estéril tarea, de consignar un principio que es el de la posible capacidad civil de las personas jurídicas, y así, proclamada esta institución en este artículo, como en los demás que al asunto dedica, dejan la institución reconocida, sin dotarla de ninguna organización, ni siquiera en lo de carácter fundamental y sustantivo.

Sin embargo, dentro de esa deficiencia, el criterio

que aplica á la capacidad civil de las Asociaciones puede servir de base á la resolución del problema; porque si la capacidad civil de las Asociaciones debe regularse por sus estatutos, en ellos está el fundamento de la Asociación, la razón de su existencia. En ellos han de expresarse con toda concreción los fines para los cuales se ha constituído; de donde se sigue que la Asociación debe tener la capacidad necesaria para ejecutar únicamente los actos que se relacionan con el cumplimiento del fin ó fines estatutarios, y que fuera de esos fines, carece de capacidad para ejercer con eficacia acto alguno.

Este fué el principio que se llevó al proyecto, para limitar la facultad adquisitiva.

No sólo Canalejas, Moret, Melquiades Alvarez, los ilustres mantenedores de los principios de libertad y de laicismo, habían defendido la necesidad de poner un límite al acrecentamiento de la mano muerta, Gamazo había sostenido un criterio análogo. Ese era el espíritu que informaban las legislaciones extranjeras: limitar la capacidad de las Asociaciones al cumplimiento de sus reglas constitutivas.

«¿No es un hecho—decía Canalejas en la sesión del 29 de Octubre de 1910—que las Ordenes religiosas, que deberían consagrarse á fines espirituales, están traficando y estableciendo una competencia industrial y funesta á las modistas, á los tejedores y á los productores de alcohol?»

La Comisión parlamentaria fué aún más lejos que el Gobierno, entendiendo que los fines religiosos no deben ser los de la ganancia y el lucro. Un Papa castigó con penas severas á los monjes comerciantes, diciendo en su Decretal: *Ne cler vel monachi. Secundum institu-*

ta predecesorum nostrum sub interminatione anathematis prohibemus ne monachi vel clerice causa lucri negocietur.

Hay cosas que no se avienen bien con el decoro del sacerdocio, se oponen de alguna manera al ejercicio de sus funciones ó repugnan á la austeridad de costumbres que deben observar los eclesiásticos. Por eso dice la Novísima Recopilación en el libro I, título XXVII, ley 2.ª (de Carlos III): «Que los eclesiásticos y regulares no entiendan en Agencias de pleitos, administración de casas y cobranza de juros, que no sean de sus propias iglesias, monasterios y conventos ó beneficios... no se les permita que se mezclen en pleitos ó negocios temporales, en que no sólo *se relaja el estado que profesan, sino que de ello resulta además la menos decencia y estimación de sus personas.*» Canalejas establecía una profunda diferencia entre aquellas comunidades religiosas que cumplían determinados fines benéficos y útiles á la sociedad, y aquellas otras animadas únicamente de un propósito de lucro y de dominio.

Algunos periódicos radicales censuraron el proyecto de ley, por entender que iba á legalizar la situación de las Ordenes religiosas en España; pero la actitud de la Santa Sede, de los políticos conservadores y de la prensa reaccionaria, demostró cumplidamente la eficacia que tenían las reglas del proyecto. Según el órgano oficioso del Vaticano, *El Observador Romano*, se ofendía á la Santa Sede, se rompía la clausura canónica y se atentaba al derecho de asociación. *El Universo* amenazaba combatirlo á sangre y fuego, por quebrantar pactos internacionales y romper la concordia de relaciones entre el Papa y el Gobierno español.

El ilustre senador conservador Sr. Sanz Escartín, al informar ante la Comisión parlamentaria, precisaba todo el alcance de la ley, cuando decía: «No hay un sólo repliegue, por decirlo así, de la vida de las Asociaciones que no fiscalice el Estado; no hay un solo maravedí cuya procedencia é inversión no haya de conocer, ni hay paso alguno, por breve que sea, cuyos límites no hayan de estar señalados de antemano bajo pena de la vida; la suspensión y la disolución aparece por todos los caminos. El más hábil equilibrista no logrará un momento de seguridad sobre esa cuerda tirante de la llamada, con notorio eufemismo, «ley para regular el derecho de asociación». Con esa ley es muy fácil á un Gobierno sectario decretar la disolución de todas las Asociaciones que no respondan á sus miras».

Otro informante, el Sr. Marín Lázaro, exclamaba: «¿Qué significa esa incapacidad para poseer bienes inmuebles? ¿Qué alcance tiene esa tasa arbitraria de la propiedad, que deja al arbitrio del Poder público la cuantía de los bienes inmuebles corporativos?... Las Asociaciones van á tener una capacidad civil tan raquítica, que resultará ya un escarnio hablar de las excelencias de la asociación en el siglo en que vivimos.

El distinguido escritor católico Severino Aznar, escribía por su parte en el libro *Las grandes instituciones del Catolicismo:* «Los espartanos decían que la ley es la palmera que da á la caravana frutos y sombra; el capricho del gobernante tirano es el pino de la roca inaccesible, que sólo sirve á los buitres y á las serpientes; pino en la roca quieren hacer de esa ley, y porque amamos la libertad no nos resignamos».

¿Cómo quería Canalejas llegar á la aprobación de la

ley de Asociaciones? Lo decía en uno de sus discursos del Senado:

«Sí; vamos á presentar el proyecto de ley de Asociaciones, lo vamos á presentar pronto, lo vamos á presentar con ese espíritu que dije el otro día y repito ahora, que una ley de esta transcendencia no se puede presentar sin una elaboración previa, y esa elaboración previa no puede ser la elaboración subjetiva del hombre de ciencia que con sus libros y sus lecciones pretende organizar nada menos que un derecho orgánico de la vida moderna, de esta vida moderna tan accidentada, de esta vida moderna tan vasta, tan compleja y tan variada.

De suerte que yo pido para esa ley de Asociaciones, que ha de ser una obra nacional, no el concurso *a posteriori* del Parlamento, sino el concurso previo de todos los partidos, de todas las fuerzas sociales, de todas las fuerzas activas del país; se lo pido también á los elementos obreros, á los elementos políticos, y lo demando de los elementos eclesiásticos; no es que lo rechazo, es que lo suplico; no es que lo esquivo, es que lo impetro, porque no habría nada tan desagradable como la sorpresa de un Gobierno, ya realizada su obra, comprometida su palabra, puesta su firma al pie de un proyecto, empeñada cierta vanidad en ello, que trajera una obra en esas condiciones.»

Pero Canalejas se mostró siempre enemigo, resueltamente enemigo, de un acuerdo previo con la Santa Sede. Por eso, pocos días antes de su muerte, en las declaraciones recogidas en el libro *La política liberal*, decía de un modo terminante: «Los liberales no pueden aceptar que una ley de Asociaciones, á la que todos, laicos ó religiosos, habrán de someterse en la esfera de su desenvolvimiento para fines de enseñanza ó de carácter religiosos, proceda de un pacto, aunque los gobernantes anhelen una inteligencia con Roma».

Al discutirse en Francia la ley de Asociaciones, el *leader* de los progresistas, Ribot, sostenía que las Comunidades religiosas debían someterse por completo al derecho común, y que Roma reconocía este principio como una consecuencia misma del Concordato. Y el Conde de Mun, el más calificado de los católicos franceses, pedía la reconciliación, la concordia con el Vaticano sobre las bases precisamente de la libertad y del régimen común é igualitario para todas las Asociaciones.

Lo que Roma aplaudía en Francia no puede anatematizarse en España. Y si el Conde de Mun solicitaba el acuerdo con Roma sobre la base de la igualdad legislativa, España debe llegar á la solución de este asunto, no otorgando á las Asociaciones religiosas un privilegio que las haría odiosas y comprometería en el porvenir su misma existencia, sino haciéndolas vivir dentro de la ley, á su amparo y bajo su garantía.

Otra cosa sería aquella dejación de la soberanía, aquel abandono de los fueros del Poder civil, que no pueden realizar los Gobiernos sin mengua de su prestigio. Otra cosa sería entregar al arbitrio del Vaticano la esencia misma de las prerrogativas del Estado: consignar, como lo hicieron los conservadores en el Convenio Rodríguez San Pedro de 1904, que se sometía al Vaticano la inteligencia, la interpretación, la aplicación y el *alcance de la ley civil de 1887;* decir, como en el artículo 2.º del Convenio, que si bien las Asociaciones religiosas, en cuanto á sus relaciones con el Poder civil, estarían sometidas á las leyes generales del Reino; en caso de discordia, el Gobierno habría de entenderse con la Santa Sede, con lo que el Estado se ataba las manos, para ejercer libremente su soberanía en cuanto tuviese relación con las Ordenes monásticas.

Con la cuestión de las Asociaciones, se ligaba estrechamente el problema de la enseñanza, que había preocupado siempre á aquel ilustre hombre público. Por eso, en el discurso de 1900, al referirse al desarrollo creciente de las Ordenes religiosas y á los peligros que ese desarrollo envolvía para la vida del Estado, Canalejas exclamaba:

«Cuando el Sr. Romero Robledo, cuyo concurso solicito, cuya intervención demando, cuya palabra requiero, pocas tardes há nos presentaba con una oportunidad y una elocuencia que nadie superaría, aunque algunos quizás podrían igualar, el cuadro, ya por fortuna próximo, del advenimiento de un nuevo reinado, yo aquí, calladamente, porque esta preocupación es muy honda en mi espíritu, yo que abrigo más profundos pesimismos hoy que el día triste en que se perdieron las colonias, pensaba en cuál podría ser el porvenir de la sociedad española, y cuáles las angustias de ese tierno Monarca, el primero entre los adolescentes españoles, cuando se encuentre en presencia de dos juventudes: la una, inspirada en la intransigencia y el fanatismo, con todas las preocupaciones y la rutina de los viejos tiempos, con la espalda vuelta al progreso, siguiendo las inspiraciones de un sacerdocio de levita; la otra, liberal, progresiva, educada en la Universidad, con el espíritu del siglo, con el sentimiento del derecho, con el amor á la libertad, con vislumbres democráticos. ¿Cuál será el resultado del choque de esas dos juventudes? ¿Cuál vencerá? No me atrevo á decirlo; pero, en suma, ¿no está ahí el germen de una guerra civil, de una guerra religiosa, la resurrección de todo aquello que á costa de tantas transacciones habíamos querido matar? ¿No significa tal conflicto el regreso, el retorno en la historia de aquellas páginas luctuosas que leemos con pena, y cuya reproducción percibimos con pavura?»

España no podía retroceder, sino avanzar en el camino emprendido por Felipe V, por Fernando VI, por Carlos III y el Príncipe de la Paz, aquel camino de la secularización de la enseñanza, que impone el progreso moderno. «Somos—decía elocuentemente Melquiades Alvarez en 1903—una triste excepción en Europa; viendo el ejemplo de naciones como Austria, que violentando la imposición dogmática de sus creencias religiosas, llegaba á establecer el laicismo en la enseñanza y publicaba, á la sombra del Ministerio liberal de Auersperg, la famosa ley sobre los *rapports* interconfesionales.

Moret defendió entonces también la secularización de la enseñanza. La enseñanza debía ser, como el ilustre Azcárate la proclamara, neutra, no para enseñar doctrinas ni para sostener ciertos dogmas del libre pensamiento, sino para sostener la ciencia á la altura del águila, sobre todas las montañas, y hacer que pudieran convivir la paz religiosa y la paz del espíritu. Un principio análogo era el que animaba las palabras de Canalejas.

«Este problema de la enseñanza de la religión—decía el 11 de Junio de 1903—ha sido juzgado de muy diversas maneras; pero se llega á un fondo de consideración general en el pensamiento de todos los pueblos, porque domina en las disposiciones legislativas la idea fundamental de los grandes hombres políticos de los Estados Unidos, los cuales consignan que la escuela no debe ser nunca ni la enemiga del Poder civil, ni la propagandista del ateismo».

Tal criterio predominante en los Estados Unidos, se expresa también en los métodos de enseñanza de Holanda, de Bélgica y de Inglaterra. La enseñanza que debe darse en las escuelas públicas—decía el ministro holandés Kappyne van de Copello en 18 de Agosto de 1878—debe ser accesible á todos los niños, sin distinción de cultos; la escuela pública debe limitarse á formar buenos ciudadanos, dejando la instrucción religiosa á los ministros de los distintos cultos». Era el criterio que se había sostenido en Bélgica después de las reformas de Frere Orban, el que prevalecía en Inglaterra á partir de la ley Folster, que proclamó la neutralidad de la enseñanza pública, afirmando por la cláusula Couper Temple, que la escuela era pública, *urdernominational*.

Pero la escuela neutra, cívica y moral que educa al niño, según la fórmula del Estado de Massachusetts, en la piedad, la justicia, el respeto á la verdad, el amor á la patria, el cariño á los semejantes, la sobriedad, la moderación, y la afición al trabajo, la escuela que el P. Manjón llama patriótica y humana, no era, repetimos, para Canalejas la escuela atea.

Canalejas creía, como Thorbecke, Bannerman y otros hombres de Estado europeos, que la escuela neutra no excluía, antes bien se basaba sobre un cristianismo social, superior á todas las sectas religiosas, conciliable, por lo tanto, con todas ellas. Por eso definía la escuela neutra en 1908, diciendo:

«No tengo interés alguno en comprometer opinión colectiva de grupo parlamentario, ni de representación orgánica de fuerzas públicas de España; pero discurriendo por mi cuenta, me parece inverosímil que haya una sola fuerza liberal, que haya una sola encarnación del sentimiento liberal que repugne la solución de la neutralidad. La solución de la neutralidad es capitalísima; porque ¿cómo vamos á laborar, cómo vamos á emprender la obra educativa nacional divididos en blancos y negros, en rojos y en azules, en clericales y anticlericales, en religiosos y antirreligiosos, que así los llama y así los moteja la ignorancia, inspirada por la malicia? ¿Puede negarse de buena fe, con recto propósito, que queremos nosotros emprender por el camino de una reconstitución vigorosa y enérgica la mentalidad española, y que tenemos que llegar á una solución en que los hombres de la izquierda tomen sobre sí la responsabilidad de contener, sirviendo de dique y antemural, esas otras expansiones de tendencias antirreligiosas, ó siquiera de indiferencia á los elementos religiosos, de su incorporación al elemento ético como generador del carácter moral de la colectividad y del individuo? Me parece que no marchamos por ese camino, y entonces no puede ser. Pensemos en el magisterio español; á veces con la retribución vergonzosa de una peseta ó de peseta y media, menos de lo que cobra el último jornalero de aldea, con casas que son tugurios, con desconsideraciones en muchas esferas, maestros que ni siquiera han cobrado (de paso lo recuerdo á S. S.) lo que les era debido por gratificación de adultos en los últimos meses del ejercicio anterior, que ni siquiera cobran esa miseria, esa insignificancia con que se les dota, significa la retracción de todo elemento intelectual, vigoroso, de la enseñanza, y entonces surgirá en nuestro ánimo el temor de que por ley de una necesidad material, superior á todos nuestros esfuerzos, las Corporaciones religiosas absorberán la enseñanza; porque un país no puede permanecer inculto; cuando no consiga aquella cultura adecuada al ambiente universal, se buscará en las reminiscencias, ya borradas para honra de aquel país, del Estado de Paraguay; si nos dejamos absorber la enseñanza, la escuela, por el elemento confesional; si hacemos una escuela confesional, sobre infringir, á mi juicio, los preceptos del art. 11 de la Constitución, vendríamos á establecer un divorcio fundamental entre la conciencia religiosa y la conciencia progresiva, y esa responsabilidad, que en el orden puramente dogmático de la disciplina religiosa corresponde á otros, en el orden político humano corresponde á los legisladores del país.»

Y siendo ya Presidente del Consejo, afirmaba en el Senado:

«Ahora dos palabras sobre enseñanza. ¿Quién lo duda? Escuela atea, escuela impía, escuela que reniegue y blasfeme de Dios, ¡si al decirlo me mancha los labios! eso no; escuela que desligue los primeros alientos de la infancia, perturbándola, envileciéndola, del amor del padre, del respeto á la sociedad, del ambiente moral y religioso en que alienta esa alma que nace, eso jamás. Si el partido liberal profesase esas ideas, no estaría yo en él; Gobierno que eso quisiera hacer, sería indigno de mi concurso, y yo no pediría el vuestro. No; queremos educación integral, y cuando queremos educación integral queremos desarrollo de la energía física, conocimiento de este vaso humano en el que se encierran las esencias de nuestro espíritu; pero queremos, porque es integral, enseñanza religiosa, enseñanza moral; todo eso es patrimonio del hombre; todo eso, dentro de las concepciones más acentuadas de la fisiopsicología, aun prescindiendo del espiritualismo, son abstracciones, exaltaciones, si queréis, de la materia nerviosa, de la substancia de la vida; pero todo eso hay que enseñarlo, porque son una realidad de la vida; pero dogmatismo, no; adscriciones de los medios del Estado, no; intransigencias de la religión, no.

¿Quién de nosotros impediría la entrada del sacerdote en la escuela? No; las puertas de la escuela deben estar abiertas á todo lo que represente bondad, á todo lo que sea principio moral, á todo lo que signifique una jerarquía social. ¡Ah! Pero si ese dulce imán de las creencias religiosas penetra en la escuela para atraer á las almas, debe guardar en la escuela el mayor respeto á la conciencia religiosa.

Me habláis del derecho del padre; yo os hablaré del derecho del hijo, yo os hablaré del derecho del Estado. Cuando hablo del derecho del Estado no quiero establecer un cuño con que se acuñen los cerebros lo mismo que se acuñan las monedas. Eso es indigno de mi cultura y de mis convicciones. Cuando hablo del derecho del hijo, no hablo del derecho del errático muchacho, mal educado, que abandona su casa y se desliga de toda dirección moral y familiar. Yo hablo de que á una conciencia juvenil ha de asomarse el sentimiento religioso sin ejercer presiones que la alteren y la perturben en sentido político.»

La frase del Mensaje de la Corona «que el Estado

debe proceder con independencia, rechazando de sus escuelas el prejuicio y la coacción de los diferentes dogmatismos» era por él explicada cumplidamente en el discurso resumen de la discusión del Mensaje de la Corona: «Yo considero—afirmaba—que es obligación integral del Poder el no ocultar al niño que hay un principio sobrenatural, divino, que hay un aspecto religioso en su vida social; pero sin que la Iglesia ejerza jurisdicción sobre los espíritus en la escuela. Hay que educar con sentido imparcial, con sentido neutro. ¿Qué es laico? A mí la palabra laico no me expresa otro concepto que el de ser laicos los que enseñan; por eso no he admitido jamás esa designación. Lo que yo planteo es el problema entre la escuela confesional católica, entre la imposición de la enseñanza católica contra la voluntad del padre, contra la voluntad del niño, y aquel respeto á todas las confesiones y creencias religiosas, que después de todo no es el criterio de este Gobierno, porque tengo registradas Reales órdenes de antes y después de la Revolución de Septiembre, en que se ha respetado la libertad de conciencia del maestro y la libertad de conciencia del discípulo. El Gobierno contrae el solemne y formal compromiso de abordar este problema.»

Era cierto que antes y después de la Revolución de Septiembre, se había mostrado ese criterio tolerante.

En 1858 se decía que el maestro no estaba obligado á dar enseñanza religiosa y que correspondía á los párrocos este cometido. En 1870, firmada por Echegaray se publicó una Real orden, mandando no se diera enseñanza religiosa á los alumnos cuyos padres no lo solicitaran. Esto se halla confirmado por otras Reales órdenes de 1885 y 1890.

De modo, que no sólo no hemos avanzado en este camino, sino que la ley orgánica y completa que Canalejas trataba de aprobar, fué sustituída por una disposición anodina, que no resuelve la cuestión ni satisface los compromisos que el partido liberal había contraído de un modo solemne y categórico.

CAPÍTULO VIII

CANALEJAS Y LA CUESTIÓN OBRERA.—SU LABOR COMO POLÍTICO Y SU OBRA DE GOBERNANTE

Ya hemos visto, al hablar de las ideas de Canalejas sobre el Estado, cuál era su concepto acerca de los fines que el Estado debía realizar y la misión que le está encomendada en las modernas sociedades. Para todos los estadistas europeos más ilustres, la cuestión social, ha constituido un motivo de grandes y legítimas preocupaciones.

El partido liberal inglés se orienta ahora con Lloyd George, resueltamente en el camino de las reformas sociales; pero ya Gladstone había expuesto la necesidad de remediar la situación de Inglaterra, viendo el contraste entre el aumento creciente de la riqueza de las clases elevadas y la mayor suma de sufrimientos de las clases pobres; y en Italia, Giolitti y Nitti, acometen la realización de un amplio programa social, pero ya Cavour, al mismo tiempo que unificaba la nación, había presentado al Parlamento reformas jurídicas, encaminadas á satisfacer las necesidades obreras, inspiradas en principios de justicia y de equidad.

No ha habido un verdadero hombre de Estado, que haya dejado de consagrar su atención á este problema. El criterio intervencionista se impone aun á los espíritus más refractarios. La gran industria se considera ya como una función social, como un servicio público. Admitido este concepto, la gran industria no es un menester doméstico, excluído de la acción protectora del Estado, y la libertad del fabricante termina allí donde la libertad y la salud del obrero pueden ser lesionadas.

«La política intervencionista, decía Canalejas en el hermoso prólogo al libro *El Instituto del trabajo*, recluta en sus filas desde los socialistas que viven en las regiones templadas de la reivindicación proletaria, hasta los políticos de origen burgués y conservador, creyentes en la eficacia pacificadora de la legislación social». En todas las zonas, con todas las formas de Gobierno, se acomete esta obra, y se cumple así aquella emancipación legal del cuarto Estado, proclamada por los *Katheder Socialisten*.

Canalejas había consagrado á este problema desde su juventud, apasionado estudio. Sus disertaciones académicas y sus discursos en el Parlamento, demuestran que conocía toda la ciencia social contemporánea; dominaba por completo y en absoluto tan árdua materia.

Muy joven hablaba en el Ateneo de Barcelona sobre el contrato del trabajo; al inaugurar el curso de 1894 y 95 en la Academia de Jurisprudencia, exponía las reformas fundamentales que debían acometerse en nuestro derecho, en orden á las relaciones entre patronos y obreros; en el artículo publicado en *Nuestro Tiempo*, en 1901, *La última tregua*, abordaba de nuevo el problema, y en *El Instituto del trabajo*, en el prólogo al libro de Revenga *La jornada de ocho horas*, en el que puso al mío modesto *El obrero en España*, en los discursos de la Academia de Jurisprudencia de los años de 1903-4 y 1904-5, en informes del Instituto de Reformas Sociales, como el luminoso relativo al contrato del trabajo, y en multitud de artículos y trabajos, acreditó que era el político que más hondamente había pensado y escrito sobre la cuestión social, ó mejor dicho, y haciendo la distinción que él establecía en el discurso de 1903, sobre la cuestión obrera.

«Aunque la costumbre autorice que se hable impropiamente de *cuestión social*, bien se os alcanza que con tal nombre más genérico y comprensivo aludo hoy tan sólo á la *cuestión obrera*. Por muy estrechos que sean los lazos entre esos dos conceptos, es imposible confundirlos. Problemas sociales lo son todos cuantos suscitan la protesta contra alguna de las muchas imperfecciones é injusticias que perturban el organismo social humano; pero *problema obrero* no hay más que uno, y ese tan *actual* que, por mucho que se pretenda inquirir en el pasado de la humanidad, nunca se encontrará nada comparable á las profundas agitaciones reivindicadoras de nuestros días.

En ninguna época sufrieron el intenso cambio que hoy los modos de producción industrial, agrícola ó manufacturera; nunca alcanzó á tan gran muchedumbre consciente el descontento de la vida. Son varios los factores que contribuyen á imprimir un carácter de enorme gravedad á tales luchas, y bastará por el momento recordaros que, si el que trabaja ha dejado de ser *esclavo* y *siervo*, transformándose en *persona libre*, lo cual implica un progreso innegable, todavía sigue siendo *proletario, asalariado*, es decir, vive en condiciones de inferioridad más acusadas que nunca por el contraste de los enormes bienes acumulados por unos cuantos hombres ó entes colectivos, privilegiados de la fortuna.

Sin aceptar la noción igualitaria y materialista de la sociedad, sin creer que el remedio á las desigualdades humanas estriba en que todos los humanos sean ricos, sabios y buenos, bien se puede desear que disminuyan las causas *involuntarias* de infortunio, que se atenúen los gérmenes de odio y perturbación social. Suponer que es llegada la hora de la perfección y de la justicia, reconocer como definitiva la organización existente, sería tan absurdo como entregarse á esos sueños demoledores que destruyen en días la obra de los siglos.

Afortunadamente los métodos experimentales de la ciencia, las lecciones de la historia, sirven para algo, y nos enseñan que ni el *statu quo* es eterno, ni las revoluciones sangrientas panacea que cure nuestros males; pues antes bien hemos de cifrar todas nuestras esperanzas, obreros y patronos, capitalistas y trabajadores, en la labor silenciosa de la *evolución social* impulsada por el derecho y presidida por el Estado.»

Casi todos los hombres liberales de Europa, han abandonado las viejas doctrinas individualistas. En Francia apenas si quedan algunos progresistas que mantengan el fuego sagrado de la libertad individual. En España nadie se atreve ya en el partido liberal, á negar resueltamente, como lo hacía López Puigcerver en 1902, la necesidad y la conveniencia de la política intervencionista; ya no hay quien sostenga, como Romero Robledo, que el legislar sobre el trabajo de las mujeres es contrario á la ley moral y á la santidad de la familia, y no dice el Conde de Romanones, desde el banco azul —como en 1901—que el aceptar reformas sociales, sería asustar al capital...

Al formar parte Canalejas en 1902 del Ministerio de conciliación, presidido por Sagasta, trató de que el partido liberal realizara un vasto programa, llevando á la práctica ideas que él había expuesto en el referido artículo de *Nuestro Tiempo*, y en los discursos de Oviedo, Almería, Alcoy, etc.

«Yo—decía justificando sus propósitos—puesto el pensamiento en mi patria, impulsado por un amor que se aviva al compás que crecen sus infortunios, trabajé, indagué los motivos de que aquí se presentaran con tanta ó mayor acuidad que en otras partes los problemas obreros, y la observación y el estudio me comprobaron que tan alarmantes síntomas son producto, entre otras cosas, de un histórico y tradicional abandono de los deberes del Estado. Por eso creo que en la medida que á cada cual se lo permitan sus energías, debemos todos trabajar por la rápida implantación de reformas sociales, so pena de que en su día nos pidan estrecha responsabilidad las generaciones presentes, y nos censuren, con justicia, las venideras. En esta obra patriótica, en la que á los hombres de ciencia, á los ministros de la religión, á los filántropos, y á la conciencia de capitalistas y patronos, toca tan inmensa parte, puede con eficacia y debe con legitimidad aportar el concurso de su intervención el Estado.»

Es decir, Canalejas creía, como Azcárate, que la reforma social era obra del Estado, pero ayudado del individuo y de la sociedad. Y posteriormente en el discurso de 1904-5, verdadero monumento jurídico, volvía á insistir Canalejas en la necesidad de la intervención del Estado, exclamando: «¿Se trata de mera filantropía, de sola piedad, de conmiseración que dolorosos espectáculos despiertan en el infortunio, de establecer pararrayos en los alcázares donde reside el Poder y la religión, marchando de unísono el temor y la prudencia, ó cumple el Estado oficio jurídico, asumiendo la responsabilidad de las consecuencias que se desprenden de imperfecciones en la estructura social, de daños que son inevitables, consecuencia de los mismos progresos materiales, orgullo de nuestro tiempo y de las crisis pavorosas engendradas por el amplísimo desarrollo de la asociación que acumula en inverosímiles proporciones, hombres, máquinas, tierras y caudales?

Canalejas, en 1902, alarmó con sus ideas á las clases conservadoras. La célebre frase acerca de la expropiación de los latifundios, produjo verdadero temor en el ánimo de los grandes terratenientes. Sin embargo, el fundamento de las ideas y de la conducta de Canalejas, estaba en los mismos principios mantenidos por los conservadores, pues había sido Cánovas el que afirmara que era preciso ganar terreno al mar de las revoluciones sociales; y un ilustre Presidente del Consejo, el Sr. Dato, al que tanto debe el proletariado español, el que recriminara en cierta ocasión á un Gobierno liberal, diciéndole: «¡Qué imprevisión! No se puede ser imprevisor; hay que adelantarse por la acción legislativa, y hay que ganar así al obrero.» También entonces se acusó á Canalejas de que su programa social era exótico, y no se acomodaba ni á la historia del partido liberal, ni á la realidad de la vida económica española. Sin embargo, nada de lo que él propuso en aquella ocasión dejaba de estar inspirado en el ejemplo de instituciones españolas. El Instituto del Trabajo, no sólo respondía á una necesidad sentida en los Estados Unidos, Francia, Bélgica, Inglaterra, Alemania, Suiza, Nueva Zelanda é Italia, y, en suma, en casi todos los países civilizados de Europa y América, sino que tenía su antecedente en el proyecto de 1855 del ministro de Fomento, D. Francisco Luxán, y en la misma Comisión de Reformas Sociales, creada por D. Segismundo Moret, en Diciembre de 1883.

El problema agrario de Andalucía había constituído, durante mucho tiempo, una de las más graves preocupaciones de gobierno. Los principios de la *La mano negra,* subsistentes aún en las capas inferiores de la sociedad, originaron los sucesos de Jerez de 1902, y el sentimiento de protesta anarquista era una consecuencia de la crisis jornalera...

Las ideas de Canalejas sobre la expropiación de los latifundios, si estaban en pugna con el criterio de los Sres. Moret y Silvela, tenían también su antecedente precioso en Luis Vives, en el Padre Mariana, en Aranda, en Floridablanca, en Campomanes, en Florez Estrada, y más recientemente en declaraciones de hombres de ideas tan distintas como D. Germán Gamazo y don Joaquín Costa.

Canalejas no fué nunca partidario, para reprimir la propaganda anarquista, de medidas de excepción, sino de una reforma social, que ganara el corazón de las masas proletarias.

En el libro *El Instituto del trabajo,* Canalejas afirmaba que el anarquismo surgía con mayor intensidad, allí donde los Gobiernos no intervienen, para atenuar ó regular la lucha de clases.

Canalejas había sido en 1894 presidente de la Comisión encargada de dictaminar sobre el proyecto de ley reprimiendo los delitos cometidos por medio de explosivos. Tanto en los discursos que pronunció en el Congreso, como al hacer el mismo año en la Academia de Jurisprudencia, el resumen de la discusión de una Memoria del Sr. Llanos Torriglia, sobre los delitos antisociales, Canalejas defendió el criterio de la libertad.

En el Congreso, contestando á Carvajal, exclamaba con el asentimiento del propio Pí y Margall:

«Proyecto de ley contra anarquistas, lo niego. Proyecto de ley de tendencias políticas ó sociales, lo niego. Este proyecto se encamina sólo á castigar delitos realizados mediante el empleo de los explosivos». Y añadía luego: «La provocación, la excitación al delito concreto, definido y penado en esta ley, no es la inducción por medios indirectos, no es la predicación libre, aunque errónea, de la doctrina».

Y en la Academia de Jurisprudencia, decía: «Soy partidario de una grande energía en la autoridad y en el Poder; pero es preciso, ante todo, que haya justicia en los organismos directores, porque sin eso el crimen de abajo no justificaría la violencia de arriba. Y para ello es preciso dejar gran expansión á la controversia y á las ideas; que éstas no son punibles por sí, mientras no se concreten en un resultado inmediato delictivo. Dentro de la ley, la exposición de toda teoría es lícita, por extravagante y por absurda que parezca».

Al subir al Poder Canalejas, desde el primer momento mostró su deseo de realizar una activa labor intervencionista, recogiendo, para llevarla á la *Gaceta*, la obra del Instituto de Reformas Sociales. Por eso, tanto en sus declaraciones á la Prensa, como en los discursos pronunciados en dicho Instituto, en el de Previsión, y en el Mensaje de la Corona, ofreció una vasta acción legislativa, en parte realizada.

«Mi programa—decía en las declaraciones de *L'Humanité*—será el mismo que en la oposición: alentar á las Asociaciones obreras por una ley sobre los Sindicatos y por otras reformas que preparen el arbitraje obligatorio. Reglamentar el contrato del trabajo por una ley orgánica, á la cual se incorporarán otras leyes existentes, la del trabajo de las mujeres y de los niños, la de accidentes, etc. Reformar la inspección del trabajo, ampliándola y haciéndola más eficaz. Reglamentar la jornada de trabajo para suprimir la fatiga y defender la vida del obrero. Hacer respetar leyes justas, como la del descanso semanal. Organizar el seguro obligatorio y los retiros para la vejez. Amparar las Sociedades cooperativas obreras. Reformar los impuestos que pesan sobre las clases pobres, particularmente los impuestos de consumos. Reprimir el alcoholismo. Difundir la instrucción en el pueblo. Crear Bolsas de Trabajo».

Mucho de lo prometido, quedó promulgado durante la etapa de su mando. En 27 de Diciembre de 1910, se publicaba la ley fijando la jornada máxima en las minas, de la que decía Azcárate que se adelantaba á los demás países, donde únicamente se había legislado para las minas de hulla y los trabajos subterráneos. Canalejas, tanto al presentar este proyecto, como contestando á un discurso de Nougués, hacía honor á las afirmaciones contenidas en el prólogo del libro de Revenga, *La jornada de ocho horas*.

«La legislación, había dicho, que regule la jornada de trabajo será eminentemente moral y civilizadora...

Prolongar el trabajo con exceso arguye un deplorable error económico.»

El Estado tenía que ir marchando hacia la imposición de la jornada de ocho horas, hacia aquel programa obrero del Congreso de Liverpool, de los tres ochos, que formaban el estribillo de una canción popular inglesa:

Eight hours!—work eight hours! play
eight hours!—sleep—eight bobs a day.

En 12 de Junio de 1911 aparecía en la *Gaceta* la ley de construcción de casas baratas. «Es de perentoria necesidad—había dicho Canalejas en su admirable trabajo académico de 1904—que las clases proletarias tengan casa higiénica, cómoda y barata.» Moret, en un discurso del Ateneo, recogiendo ideas de Ervin Reichardt, daba á este asunto extrema importancia, pues según él, el obrero no encuentra en una mala casa el atractivo que le retiene en el círculo de su familia y le inspira el valor para nuevos esfuerzos, y como compensación frecuenta la taberna, contrayendo un hábito funesto...

El 17 de Julio del mismo año, la ley del Contrato de aprendizaje llenaba un vacío de nuestra legislación, protegiendo al niño obrero, de cuya suerte se lamentaba Pablo Iglesias, al condenar la forma de un aprendizaje que privaba al niño de hacerse un ciudadano útil para la sociedad.

En 27 de Febrero de 1912 se promulgaba una ley, comentada irónicamente por algunos senadores indoctos, pero de verdadera importancia, sobre la obligación de proporcionar asiento en tiendas y almacenes á la mujer trabajadora, ley por la que España recogía el sentido de una legislación extranjera casi general, pues desde 1899, en que se promulgaban las leyes de los Estados Unidos é Inglaterra, hasta las de Suiza y Bélgica de 1905, casi todos los Gobiernos habían legislado sobre la materia; y el 11 del mismo año quedaba sancionada otra de la misma naturaleza, prohibiendo el trabajo industrial nocturno de las mujeres en talleres y fábricas, no sin vencer gran resistencia de los patronos catalanes.

El trabajo nocturno femenino dañaba la salud y á la moralidad de las obreras; y que su necesidad no era absoluta para la industria lo comprobaba, el hecho de existir naciones donde había sido suprimido, sin que por eso experimentase sensibles perjuicios.

La ley de Tribunales industriales fué reformada, facilitando la intervención del obrero, y cuando Canalejas fué asesinado, esperaba, con la cooperación valiosa del Instituto, ver pronto aprobados el Código minero, la reforma de la ley de Accidentes del trabajo, la ley que prohibía el trabajo nocturno en la industria de la panificación y la que había de regular la jornada de trabajo en las personas empleadas en los establecimientos mercantiles.

Si el contrato del trabajo no ha prevalecido aún en el Senado, no fué culpa suya, que un día y otro requirió para ello á los senadores. Canalejas, como la mayor parte de los sociólogos modernos, tenía gran fe en el contrato colectivo del trabajo. Canalejas creía con Paul Boncour, con Moissenet, con Georges Howell, que la gran ventaja del contrato colectivo era haber restablecido una especie de igualdad entre el trabajo y el capital, de haber impreso á la ley de la oferta y la demanda una sinceridad que no existía, realzando, como dice Spencer, el *status* del trabajador.

«Si contemplamos—sostenía en el informe presentado ante el Instituto de Reformas Sociales—los resultados felicísimos del contrato colectivo del trabajo respecto á la cultura, á la educación social, á la abnegación y, en general, á la mejora social del obrero, no podemos menos de reconocer su eficacia, que se explica por la discusión con los patronos, por el conocimiento recíproco de sus cualidades y por el apagamiento de las exaltaciones de carácter que esto naturalmente produce.»

Conforme á estas ideas y á sus ofrecimientos al ocupar el Poder, Canalejas, en el proyecto de ley de Asociaciones, trataba de constituir el sindicato profesional, análogo al de la ley francesa de 1884 y al de la belga de 1898, capacitándole para formalizar contratos colectivos de trabajos. «En ellos, había dicho Millerand, está la solución futura de los conflictos obreros».

Canalejas había sido siempre un defensor entusiasta de la asociación obrera. En su libro *El Instituto del Trabajo*, encomiaba los frutos de la libertad de asociación. En el discurso de 1904, de la Academia de Jurisprudencia, decía que la organización obrera, mediante organizaciones profesionales, constituiría el espíritu de paz social y la gran labor á que se consagrarían las instituciones que con raíces en la Historia encauzaran, dirigieran é impulsaran la vida colectiva en los Estados modernos; pero Canalejas, como Waldeck-Rousseau, estimaba que la asociación obrera era el germen fecundo para el contrato colectivo del trabajo, pero que no debía emplearse como un arma política, ni derivar hacia propósitos revolucionarios. Por eso exclamaba en el

Congreso el 11 de Noviembre de 1910: «Para mejorar la condición del obrero, para constituir una fuerza que oponer al predominio del capital, para educar en la vida social y en el régimen económico al proletariado, para facilitar más su acceso á la gobernación del Estado, para vigorizar su influjo en las elecciones, para hacerles participar en el Poder público, para abolir la pena de muerte, para imponer el servicio militar obligatorio, para asentar el régimen legal de España (el régimen legal, no otro), sobre bases que satisfagan las aspiraciones del proletariado, para proporcionarse una vida cómoda, para que se nutra más, para que viva con mayor higiene, para que prolongue su existencia, para todo eso quiero yo la sociedad obrera, y para todo eso estamos absolutamente unidos, absolutamente identificados todos; pero para las aspiraciones siniestras de destruir al régimen, para conmover á la sociedad, para disolver la organización militar, para imponer á los Poderes públicos limitaciones en la relación de la política internacional, según ellos entienden que conviene al bien del país, para eso, no; jamás.»

Canalejas había afirmado constantemente que el poder de la asociación no debía destruir la libertad del individuo. Banermann, el jefe liberal inglés, á pesar de haber subido al Poder de acuerdo con los laboristas, creía lo mismo, y Briand en Francia, á pesar de sus antecedentes socialistas, había profesado análogo criterio.

Su sentido jurídico repugnaba todo atentado contra la persona humana y su derecho. De ahí que combatiese en la sesión del Senado del 17 de Octubre de 1910 el *boycottage*, con estas palabras:

El *boycottage* es una expresión bárbara que está en

en un concepto que se halla presente en la atención de todos. ¿Dónde tuvo su origen? ¿Os acordáis del gafo, del leproso? ¿Os acordáis del hereje, del cismático? Pues ahí está el germen del *boycottage*.

«¿Estás enfermo? Puedes contagiarme. A mí me llevaría á tu lado la efusión del sentimiento humano; á mí me llevaría la atracción de que eres sangre y nervio y músculos y huesos como yo, el haber nacido de otra madre que sufrió al nacer tú, como sufrió la mía al nacer yo; de que eres mi hermano, pero estás leproso, estás gafo, y te persigo.» Hoy mismo, en la lucha de la tuberculosis, ocurre lo propio: «Irás al asilo, irás al hospital, porque me manchas y me contagias; ¡maldito seas!»

«Eres herético. ¿Dices que eres cismático? Pues apártate de mí, porque también me manchas; el gafo me mancha el cuerpo, pero tú me manchas el alma, que es peor; te odio, te abomino. Dios te ha creado, pero yo te maldigo, yo te execro.» Pues eso es el *boycottage*. «Tú eres un obrero que buscas los medios de vida, pero si no te sometes á mi yugo, yo te persigo dondequiera que vayas, amenazo á tu familia; cuando vayas al trabajo te perseguiré, te proscribo como un traidor, no tienes paz ni tranquilidad; si no te mato, te deshonro; si no te deshonro, te escarnezco.» El patrono también: «¿Tú has venido á mí? Estás en una Sociedad patronal para fines que no son los de humillar al obrero. ¿Tienes una cuenta corriente en el Banco? Yo, consejero, te niego el crédito necesario para el desarrollo de tus negocios. ¿Necesitas de la cooperación de mi capital? También te la niego. ¿Necesitas de cualquier auxilio económico? No lo tendrás. Yo te persigo. Ven conmigo á oprimir al obrero, á restarle parte del precio de su jornal; ven á aumentar la jornada de una hora. Para eso sí; para eso cuenta conmigo, sino te persigo; para eso, á mi lado, sino te persigo.

....

¿Todo eso es jurídico? Yo creo que no.»

Este criterio de Canalejas es el mismo que habían sostenido en varias sentencias los tribunales de casación de París y Bruselas, y el predominante en los Estados Unidos, según el *Repport* de la Oficina de trabajo de Washington de 1907.

El *esquirol*, decía en las declaraciones recogidas en el libro *La política liberal*, es perseguido como la fiera, y el gobernante que le ampara, aborrecido y maldito, en nombre de la fraternidad humana, de la solidaridad, de tantas palabras, con que se escuda el odio.

No hay ningún hombre político liberal ni conservador que niegue la legitimidad de la huelga.

En el debate del Mensaje de la Corona, el Sr. Cierva, y en el proyecto acerca de la regulación de las relaciones de las Compañías ferroviarias, con su personal, el Sr. Maura, proclamaron la licitud de la huelga.

«Por una de sus facetas—decía el Sr. Maura en la sesión del 21 de Octubre de 1912—la huelga es el ejercicio elemental, incontestable, del derecho de la propiedad del operario sobre su trabajo; es una forma de asociación en que aporta el operario su actividad, como los capitalistas sus ahorros, sus pesetas. ¿Hay cosa más elemental, más intrínsecamente legítima, más santa? Todavía es más santa, porque de todas las formas de propiedad, la más indiscutible, sin duda, es la del hombre sobre su propio trabajo; por lo tanto, todos los actos y disposiciones de esa propiedad son en sí, intrínsecamente, absolutamente santos y legítimos.

Pero si la huelga es legítima, ¿lo es la de empleados de servicios públicos, lo es la general, con fines revolucionarios?

Para algunos, la conducta de Canalejas durante el paro de los obreros ferroviarios y el proyecto Villanueva, fueron una rectificación de ideas suyas mantenidas en la tribuna y en el libro.

Pero Canalejas, contestando á D. Melquiades Alvarez, declaraba que en ese proyecto no se consignaba sino una sanción civil para el empleado que rompía su contrato.

«Las responsabilidades únicas que se derivan del incumplimiento del contrato de trabajo para los ferroviarios, son perder los derechos establecidos en virtud del mismo nexo contractual, ni más ni menos. ¿Es que cuando se me pide que declare que la huelga es lícita, se pretende que diga que en ningún caso tiene responsabilidad el contratante obrero? Yo no puedo declarar semejante absurdo jurídico, porque equivaldría á la total incapacidad, á la declaración plena de la irresponsabilidad del obrero; porque el obrero ó empleado que estuviese sometido á semejante presunción de irresponsabilidad, no sería el ser consciente y libre que pretendemos enaltecer en el contrato de trabajo: sería un ser irresponsable por incapaz, absolutamente sustraído á aquella igualdad de relaciones jurídicas en que queremos establecer el nexo del contrato.»

No había que olvidar que en Nueva Zelanda, donde está establecido el arbitraje, si el obrero empleado en servicios públicos no lo acepta, se entiende que renuncia á su empleo; que el Gobierno australiano en 1903 había prohibido las huelgas ferroviarias, obligando á los obreros afectos á las líneas, á retirarse del *Trade Council Hall*; que en Italia y Francia los gobernantes apelaron al mismo medio que Canalejas para que el paro general fracasara, y que el Gobierno liberal inglés ha negado la licitud de las huelgas ferroviarias que paralizan y suspenden toda la vida nacional.

Canalejas, como Millerand, quería sustituir en los conflictos sociales el régimen de lucha, con un régimen de conciliación y arbitraje, intervenido por el Estado. En el libro *El Instituto del Trabajo*, había escrito: «Cabe la solución de que órganos permanentes del trabajo brinden sus buenos oficios á las partes que, acostumbrados á ver en tales organismos un centro permanente de armonía, no mostraran gran resistencia á aceptarlos. Cabe, siguiendo una tradición ya algo antigua, constituir jurados mixtos, tribunales de *probi viri*, como en Italia; de *prud hommes*, como en Francia, de carácter voluntario, y cuya jurisdicción puede previamente admitirse por los contratantes al firmar sus pactos. *Cabe, por último, y no creo que de ello nos separen muchas décadas, ni aun muchos lustros*, llegar al arbitraje obligatorio aplicado en Nueva Zelanda y en el cantón de Ginebra. Todas estas soluciones, como ha dicho Jaurés, conducen á que el régimen del trabajo en la fábrica pase de la *monarchie absolute á la monarchie constitutionelle.*»

Canalejas no podía admitir que la huelga general sirviese para un móvil político revolucionario. Azcárate la había también rechazado en uno de sus discursos, diciendo: «Yo no aceptaré la huelga general como un instrumento de una revolución política. ¿Por qué? Por una sencilla razón: porque la huelga sería entonces, no un instrumento para una revolución social, sino una revolución, no en nombre de la soberanía de la nación, sino en nombre de la soberanía del proletariado.»

«Comprendo, que la huelga general, afirmaba Canalejas, se formule para una gran lesión de los supremos intereses, de los derechos fundamentales del proletariado, pero no sin razón y como amenaza política.»

Canalejas procuró aplicar á la resolución de las huelgas un criterio de paz y armonía. Perezagua reconocía que la forma en que terminó la difícil de Bilbao de 1910 hacía honor al Gobierno, y discutiendo en el Senado con el Sr. Sanz Escartín el 17 de Octubre de ese año, decía el jefe del Gobierno:

«Yo estoy, no diré fatigado, pero, en fin, algo entristecido de oír á casi todo el mundo, aun á mis propios correligionarios y á gente que comulga conmigo en principios doctrinales, decir que no hay que tener flaqueza, que hay que emplear mucho palo, mucha severidad, mucha energía. Y yo digo que no soy hombre que use el palo, hombre dispuesto al castigo, sino que tengo el primer deber, la primera obligación, como Gobierno, de prevenir y evitar que sea necesaria la sanción del castigo. No quiero ser D. Juan de Robles; no quiero hacer los pobres antes que los hospitales; yo quiero que no haya pobres, quiero higiene más que terapéutica; quiero apelar sólo muy tardíamente á la cirugía, cuando las otras formas del curar humano y los otros métodos terapéuticos no basten. La efusión de sangre entristece al hogar y á los pueblos. Sobrevienen muchas fiebres, aunque se empleen los más adelantados procedimientos antisépticos, y la asepsia ya conocemos el dominio que tiene en las operaciones individuales, pero en las operaciones sociales no se conoce. Es imposible evitar todos los gérmenes morbosos que surgen en torno del operado. Todas esas reclamaciones de gentes indoctas, de espíritus incultos, de colectividades bravías que acuden á presenciar las operaciones con deleite y con regocijo, las aducen en desvelo de sus grandes propósitos perturbadores de la paz y de la vida social. Por eso, señores senadores, soy poco inclinado á lo que llaman los médicos la intervención quirúrgica, y yo no quiero la intervención quirúrgica en la sociedad.»

CAPÍTULO IX

Los sucesos del verano de 1911.—Su carácter.
El sindicalismo revolucionario.

El Gobierno Canalejas había intervenido activa y eficazmente en la resolución de los conflictos obreros. En las huelgas de Gijón, Barcelona, Sabadell, en las de arte de construcción de Madrid y en las mineras de Asturias, no sólo la acción de los Poderes públicos se ejerció de un modo decisivo, sino de manera favorable á la clase proletaria.

La prensa conservadora y los patronos censuraron siempre al Sr. Canalejas por esa actitud, y, sin embargo, para los radicales los sucesos del verano de 1911 fueron una manifestación de política reaccionaria y represiva.

¿Qué carácter tuvieron tales sucesos? ¿Constituyeron un movimiento de tendencia y fines revolucionarios, como pretendieron el Sr. Canalejas y el Gobierno, ó, por el contrario, como sostenía el Sr. Azcárate en 9 de Octubre de 1911, las huelgas sangrientas, tuvieron exclusivamente un aspecto económico? Es indudable que la Conjunción republicano-socialista no intervino en las huelgas, ni las utilizó como instrumento para empresas políticas; pero no lo es menos, que si las huelgas fueron económicas, los elementos sindicalistas de España y del extranjero trataron, al calor de ellas, de provocar una perturbación en el país, de significar su protesta contra la campaña de Melilla, y de reproducir, si era posible, los acontecimientos de 1909.

Los socialistas dieron aquel verano, con motivo de los sucesos del Rif, notas de gran violencia. Pablo Iglesias, en el mitin de Jai-Alai de Madrid, después de decir que la campaña del Rif honraba tanto á los rifeños como envilecía á los españoles, terminaba uno de los párrafos de su discurso diciendo: «Si cuatro locos quieren llevarnos á la guerra, pongámosles á esos locos camisa de fuerza, para luego impedir su obra con la acción revolucionaria». Al mes siguiente el jefe de los socialistas añadía que las circunstancias eran idénticas á las de 1909; en Vigo, Quejido demandaba á los Poderes públicos la retirada de nuestras tropas de Marruecos, y la Agrupación Socialista de Sabadell, en actitud firme y resuelta frente al Gobierno, adoptaba como divisa la frase de Hervé «antes que la guerra, la insurrección».

La campaña contra la acción de Marruecos que había tenido hasta entonces un carácter nacional, pasó á convertirse en motivo de protesta internacional, de elementos revolucionarios. Las relaciones entre los sindicalistas franceses y alemanes, se hicieron mayores á partir del Congreso de Marsella. Uno de los miembros de la Comisión general de los *Gewerkschaften*, Sassenbach, Diputado del Reichstag, que asistió á ese Congreso, invitó á los congresistas á enviar una delegación á Berlín, á fin de enseñarles la organización y los progresos de los sindicalistas alemanes.

Los sindicalistas franceses fueron recibidos por los alemanes el 24 de Julio, en el domicilio de los organizadores centrales.

En ausencia de Junhaux, retenido en París por una dolencia, el sindicalista francés Ivetot, dijo que llegaban á Berlín para manifestar á los alemanes sus sentimientos internacionales irreductibles, y declarar muy alto, en medio de los siniestros rumores que circulaban, que la guerra inspiraba un horror profundo al proletariado francés.

Legien, Diputado por Kiel, Secretario de la Oficina obrera internacional, usó un lenguaje más circunspecto, limitándose á decir que cuando las organizaciones obreras se conociesen mejor, estarían unidas por lazos de una solidaridad más estrecha.

El 28 de Julio se efectuó una gran reunión pública en la vasta sala de la *Neue Welt*.

Los dos agentes de la policía, un capitán y un teniente, que reglamentariamente asistían al mitin, de uniforme, fueron acogidos con los gritos y silbidos de 5.000 espectadores.

Los oradores afirmaron su voluntad de oponerse á cualquier empresa bélica por todos los medios, y se distribuyeron entre los concurrentes ejemplares de diversos himnos y cánticos contra la guerra.

Esta reunión de la *Neue Welt* suscitó una polémica entre los socialistas alemanes. Rosa Luxembourg escribió al periódico más intransigente del partido, la *Leipziger Volks Zeitung*, que la demostración de paz franco-alemana, cuya iniciativa debía haber correspondido al Comité director del partido socialista, había sido tan sólo obra de los jefes sindicales. Rosa reprochaba asimismo á los socialistas el haberse opuesto á una reunión de la Oficina socialista internacional de Bruselas, que deseaba organizar una manifestación en favor de la paz. Pero Bebel juzgó esta manifestación inoportuna, y otro miembro del Comité dijo que el partido no debía hacer nada que hiriese el sentimiento nacional.

El mitin de Berlín fué seguido de otros en Barcelona, París, Tolouse y Londres.

En París, el día 4 de Agosto, en la sala de Wagran, se reunieron los delegados de diversas colectividades obreras y representantes de agrupaciones socialistas.

Es digno de consignarse el hecho de que á esta reunión, organizada por los socialistas, no asistió ni uno sólo de los miembros del partido socialista francés, y que al expresar Bidegarray sentimientos patrióticos de la mayoría de los obreros ferroviarios, tuvo que callarse por el gran escándalo que se produjo.

Pues bien; á este mitin, en el que se vitoreó con entusiasmo la huelga general, asistieron como delegados Barrio y Negre, el primero, representando de la Unión general de Trabajadores, y el segundo, la Confederación general del Trabajo. Fué entonces cuando Barrio declaró en *L'Humanité* que la clase obrera estaba sólidamente preparada en España, y que si estallaba un movimiento contra la guerra, sería mucho más extenso y más grave que en 1909. En esa *intervieu*, como el redactor le preguntase qué principios separaban á la Unión general de Trabajadores de la Solidaridad Obrera sindicalista de Barcelona: «la sola diferencia—contestó Barrio con aire sincero, pero malicioso—es que nuestros camaradas de la Solidaridad Obrera, predican la acción directa, pero nosotros la practicamos. De todos modos, terminó Barrio, que el Gobierno sepa bien que la acción en Marruecos desencadenará la revolución en España.»

El grupo socialista parlamentario francés, que se había abstenido de asistir á ese mitin, envió una delegación al de Trafalgar-Square, de Londres, y los socialistas alemanes publicaron un manifiesto contra la acción de las potencias en Marruecos.

Sin embargo, estas manifestaciones de los socialistas alemanes, lo mismo que las de los ingleses merecen algunas palabras de comentario.

Uno de los oradores ingleses que peroraron en Trafalgar Square contra la guerra, Hyndam, escribía en el *Morning Post* que el peligro alemán era grande, que era preciso que Inglaterra tuviese una poderosa marina y un ejército nacional bien organizado y el Gobierno hiciera un empréstito de 100 millones de pesetas. Este mismo Hyndam ha formado parte de una Sociedad anónima para la fabricación de cañones modelo Colt.

Por lo que hace á los socialistas alemanes, las palabras del reformista Max Schippel en *Sozialistische Monatsfte*, indicaban un punto de vista bien distante de las exageraciones sindicalistas, y el mismo Bernstein, en artículos del órgano socialista de Berlín *Vorwaerts*, titulados *La política exterior del Imperio alemán y los socialistas*, decía que los socialistas no se encuentran en estado de impedir una guerra; y hablando irónicamente de los franceses, añadía: «Hemos oído á los representantes de los obreros franceses pronunciar palabras valerosas indicando impedirían una declaración de guerra de su Gobierno por movimientos tales como la huelga, el *sabotage*, etc., etc., y no dudamos que habría en Francia muchas personas con corazón bastante para realizar actos valerosos como consecuencia de sus valerosas palabras. Sin embargo, cuando recordamos con qué rapidez en la huelga de los *cheminots* de 1910, el empleo de algunos artículos del Código penal relativamente insignificantes, bastó para reducir las amenazas revolucionarias, creemos que la buena voluntad de los obreros no bastaría para hacer imposible una guerra.»

Hervé, comprendiendo la dificultad de la organización de la huelga general en caso de guerra, preconizaba como medio de prepararla, la formación de un Comité secreto compuesto de socialistas, sindicalistas y revolucionarios.

Como consecuencia de lo acordado en París, se verificó el 24 de Agosto en Madrid un mitin internacional contra la guerra, en el cual el francés Marié afirmó que para combatir los males de ésta y de la explotación burguesa, había que apelar á la huelga general, al *boycotage* y al *sabotage*, verdadera espada de Damocles, empleada contra la sociedad.

El compañero Mora recordó que al terminar la guerra de Francia se produjo la *Commune* de París; cuando la de Melilla, la semana trágica de Barcelona, y que nada tendría de extraño que si había una campaña militar, surgiera de nuevo la *Commune* en Barcelona, Madrid y Bilbao...

El *Daily Mail*, al comentar la huelga sofocada en España, en un artículo titulado *La epidemia de la agitación*, presentaba á grandes rasgos el cuadro de la situación de Europa y de los Estados Unidos, durante el penúltimo verano. La agitación comenzó en Francia con los sangrientos sucesos de la Champaña. En Inglaterra surgió después la huelga de obreros de transportes, que paralizó temporalmente el tráfico ferroviario. En las calles de Viena se produjeron serias colisiones, originadas por el alza de los precios de las subsistencias, y no es para nadie un secreto que la causa de la baja en las cotizaciones de las acciones de los ferrocarriles norteamericanos, estuvo en el justificado temor de los financieros y magnates de la banca de aquel país, ante una huelga ferroviaria de proporciones colosales.

El articulista, tras de recordar aquel año de 1848 en que la agitación revolucionaria se extendió rápidamente por toda Europa, quería hallar el origen de estas turbulencias contagiosas en los manejos de unos cuantos profesionales de la agitación, pues no encontraba, dada la vida de la masa obrera, causa alguna que lo justificase.

En Julio y Agosto de 1911, había habido en España, según los datos oficiales, más de 70 huelgas; y no el Gobierno, sino *El País*, refiriéndose á las de Zaragoza y Gijón y á la evolución de socialistas y sindicalistas para coincidir en una acción directa revolucionaria, escribía en 18 de Agosto: «Así, no haciendo asco los socialistas á la acción revolucionaria inmediata, y no despreciando los otros la organización sindical, se ha llegado en algunas regiones españolas á tener una organización sindicalista bastante poderosa». ¿Cuál era para los elementos proletarios españoles el concepto de ese sindicalismo, que trataba de fundir en su acción directa á socialistas y anarquistas? En 1911, Tomás Herrero, director del periódico *Tierra y Libertad*, escribía: «Para mover una masa es preciso aprovechar el sindicalismo moderno, que es el antiguo societarismo aplicado por más eficaz impulso revolucionario y adaptado á la acción directa, en oposición á la acción legalista y á la huelga sostenida por el subsidio del huelguista».

Acción Libertaria y *Tierra y Libertad* se regocijaban de que la Unión General de Trabajadores hubiese evolucionado hacia el sindicalismo. *Tierra y Libertad* exclamaba: «Felicitamos á la Unión General de Trabajadores que, aunque tarde, viene á reconocer bueno lo que llamaba locura y criminalismo, y á su lado nos tiene para arrancar á las víctimas de sus garras enemigas; cuando los burgueses decretan el *lock-out* sería una locura nuestra, no sólo admitir la huelga general, sino no defender el empleo de todos sus medios. Ahí están los moderados alemanes de Meabit, los mismos albañiles de Madrid no ha mucho, los carboneros del país de Gales, los marinos ingleses, los camioneros, los *dockers*, y últimamente, los esclavos de la vía, los más reaccionarios al proletariado inglés, y no hay otra solución ante la maldad burguesa, la infamia gubernamental y la cobardía policiaca».

Cuando el sindicalista Marié vino al mitin internacional de Madrid, aconsejó á todos los obreros españoles la acción directa revolucionaria, la táctica anárquica y violenta que preconizan Pataud y Pouget, en su libro *Coment nous fairons la revolution*, la cual consiste en la sucesión de huelgas violentas, que combinadas con agitaciones antimilitaristas, produzcan la huelga general definitiva, que derrumbe todas las instituciones sociales y el régimen actual. El objeto de este sindicalismo es la realización de un ideal de anarquía y de comunismo y la adaptación á una situación nueva del comunismo premarxista.

En 1909 se había explotado por los elementos sindicales el supuesto negocio plutocrático de las minas del Rif; y para los que afirmaban que en 1911 se reproducían los mismos hechos, era fácil argumento hablar de un coto minero en Alhucemas, del que había que apoderarse para saiisfacer á empresas poderosas.

«Al grito de ¡Abajo la guerra!, decía el periódico socialista *¡Adelante!*, «llamamos á cuantos crean que es un deber de ciudadano imposibilitar en 1911 lo que no se pudo impedir en 1909, y derribar ahora lo que desde entonces está condenado á morir.» El mismo *España Nueva* del 10 de Septiembre, escribía: «Si los combates en el Rif continúan, no sabemos lo que ocurrirá. Acaso los sucesos de 1909 fueron pálidos ante los que agitarán hoy á España. En dos años ha aprendido mucho el pueblo; lo que entonces le cogió desprevenido, le coge ahora dispuesto á todo.»

Es exacto que la huelga de Málaga fué exclusivamente económica; un conflicto local entre patronos y obreros. En la de Bilbao hubo ya ingerencias sindicalistas, como lo prueba el hecho de haberse recogido pases y contraseñas, entre ellos uno suscrito por Madinaveitia, y concebido en estos términos: «Compañeros: salud. No maltratar moral ni materialmente al portador de este volante, Juan Maroto.» El ilustre sociólogo francés Challaye, dice en su obra *Sindicalismo revolucionario y sindicalismo reformista*, que una de las principales manifestaciones de las huelgas revolucionarias de carácter sindicalista, es el empleo de pases, contraseñas y permisos de este género, y no sólo los periódicos de tendencias conservadoras bilbainos, como *El Nervión* y *El Noticiero* reconocieron esa ingerencia, sino los mismos liberales y republicanos.

«La mayor parte de las Asociaciones obreras de Vizcaya creadas últimamente—decía el ilustre Catedrático Sr. Elorrieta—adoptaron las orientaciones belicosas de los sindicatos franceses, que mejor se adaptan al espíritu impresionable de los obreros.»

En las huelgas de Asturias, no aparece tampoco ningún propósito político. La intervención afortunada de diputados de todos los partidos, de los Sres. Pedregal, Alas Pumariño y San Miguel, indicaba bien claro lo contrario; pero no puede decirse lo mismo de las de Zaragoza, Valencia, y el conato abortado de Barcelona, donde los fines sindicalistas y revolucionarios se mezclaron con los económicos. Al afirmar que los fines revolucionarios se confundían con los económicos, no se quiere decir que los promovedores de ellas contaran con medios bastantes para hacer la revolución social, pero sí que se proponían ver la actitud de los obreros y el espíritu del ejército para fines políticos, y provocar además choques entre la fuerza pública y los obreros, con objeto de promover sucesos como los de la semana trágica, ó por lo menos para ahondar las diferencias entre el régimen y el pueblo.

El 8 de Agosto se verificó en el teatro de la Marina, de Barcelona, el mitin contra la guerra, en el que aparecieron entendidas «Unión general de Trabajadores» y «Solidaridad Obrera». En nombre de la «Confederación general del Trabajo», Negre anunció días memorables para el proletariado, manifestando que contra la fuerza de los gobernantes, contaban ellos con la huelga revolucionaria. Los chispazos del 10 de Agosto y lo ocurrido frente al convento de las Adoratrices, indicaron que había elementos deseosos de reproducir los sucesos de 1909. Ya en 1910, los mismos periódicos republicanos *La Publicidad* y *El Progreso* habían denunciado los manejos y las maniobras sindicalistas, que querían á toda costa provocar en Barcelona la huelga general; y que esos chispazos eran señal de que se trataba de reproducir los sucesos de 1909, lo indicaba bien claro *La Rebeldía* en un artículo del 1.º de Septiembre: «Como ahora Canalejas comenzó Maura, y despertó un día con el incendio de los conventos.» Y el mismo periódico, en otro artículo titulado *La plebe triunfante*, exclamaba: «¡Loor á la plebe barcelonesa! El pasado domingo se paseó triunfante por las calles de Barcelona: la burguesía, escondida tras las persianas de los balcones, temblaba de miedo al ver pasar aquella multitud, entusiasta y frenética, cantando *La Marsellesa*, y pidiendo á grandes voces la cabeza de los tiranos.»

Pocos días después excitaba abiertamente á la revolución, diciendo: «La protesta contra la aventura de la guerra, estallará de nuevo en Barcelona; procuremos que Madrid, Valencia, Zaragoza, Bilbao, Málaga, Oviedo y demás poblaciones donde exista vitalidad y energía organicen manifestaciones y mítines al grito de: «¡Abajo la guerra!» Si en breve no cesan las operaciones en Melilla, que se decrete en todas las capitales la huelga general revolucionaria, y que se levanten barricadas para proclamar la soberanía nacional. ¡Pueblo! Ya tienes una bandera: enarbólala y grita con *La Rebeldía*: «¡Viva la revolución! ¡Abajo la guerra!»

«La Confederación general del Trabajo» había nacido de «Solidaridad Obrera», que fué quien preparó y sostuvo en 1909 el paro general, causa de la semana sangrienta. «Solidaridad Obrera» funcionó con carácter independiente hasta el 15 de Marzo de 1911, en que, con sus propios elementos fundó otra Sociedad llamada «Confederación general del Trabajo», quedando la antigua «Solidaridad» como una rama regional de la que se creaba. Los medios preconizados por la «Confederación» eran los del sindicalismo revolucionario, la huelga general y el *sabotage*. Al mismo tiempo la «Confederación general del Trabajo» hizo desde el primer momento campaña antimilitarista, siguiendo el camino trazado por los afiliados de «Solidaridad», que en 1910 repartieron una hoja antimilitarista, titulada A los quintos, editada en París, aconsejando la indisciplina y la rebelión, y cuyo preámbulo decía:

«Este grupo, formado por entusiastas revolucionarios, penetrado de las injusticias que encierran las luchas de unos hombres contra otros, no en beneficio para el bien común, sino todo lo contrario, favoreciendo los intereses de las clases privilegiadas y de unos cuantos políticos agiotistas, vergüenza del país que los sostiene, ha determinado lanzar la presente hoja, primera de la serie que se propone publicar, á fin de hacer comprender lo inicuo de esas hecatombes humanas que para saciar mezquinos intereses se pretenden llevar á cabo en España con la próxima guerra, contra los marroquíes preparada. Recordamos á todos los hombres de corazón en general, que no deben por ningún concepto consentir que los derrotados de las colonias y del barranco del Lobo, vuelvan á consentir los atropellos realizados el año pasado en Cataluña y otras partes, sin enérgica protesta que convertida en avalancha revolucionaria los barra para siempre sobre el haz de la tierra.

La «Confederación general del Trabajo» estaba en relación con la Asociación francesa del mismo nombre. El 20 de Abril el Secretario de la Confederación del

Trabajo de Francia, escribía al compañero Negre, excitándole á realizar actos contra la guerra del Rif.

Los acuerdos del Congreso sindicalista de Barcelona tuvieron, como reconocía *La Publicidad*, carácter revolucionario, y la prueba plena está, en el siguiente suelto del periódico anarquista *Tierra y Libertad*, correspondiente al 13 de Septiembre, en el cual, censurando al digno Gobernador Sr. Portela, que prestó tan eminentes servicios, exclamaba: «¿Qué le dirá al señor Canalejas en vista de la importancia que, desde el punto de vista revolucionario, ha tenido el Congreso sindicalista? Si en algo aprecia su dignidad, deberá anunciarle que en la provincia de su mando ha aparecido una aurora boreal».

Uno de los temas puestos á discusión en la Asamblea, fué si debían fusionarse «Confederación general del Trabajo» y «Unión General de Trabajadores», y según el órgano oficial del Congreso, *Solidaridad Obrera*, del 17 de Septiembre, el dictamen fué favorable, siendo una de las razones alegadas *«la necesidad de esa unión para la huelga general que habrá de declararse francamente, brutalmente, porque la huelga general será esencialmente revolucionaria»*.

La «Confederación del Trabajo» trató de declarar la huelga general en Barcelona, y es indudable que se nombraron comisionados para que fueran á distintos puntos, con el propósito de que el paro se extendiese. Se ha pretendido que tal propósito no existió realmente, y que todo fué una trama urdida por el Gobernador con objeto de justificar las medidas represivas; pero los hechos son más elocuentes que las palabras, y los hechos dicen que el día 14 anunciaba el Gobernador que la «Confederación general del Trabajo», iba á proclamar la huelga revolucionaria, que los sindicalistas trataban de producir una asonada en las Ramblas, creando un estado de alarma en la capital y en los principales centros fabriles; y efectivamente, el 15 apareció derribada la balaustrada del puente de Sans sobre la vía del ferrocarril, se intentaba hacer cesar á mano armada el trabajo en las redacciones de los periódicos, y en Sabadell se iniciaba una manifestación al grito de ¡Abajo la guerra!

Toda la prensa de Barcelona lo reconoció así. *La Publicidad*, hablando de lo ocurrido en las redacciones de los periódicos y de los preparativos ácratas, afirmaba que se quería llegar al paro general como protesta contra la guerra y solidaridad con los obreros de Bilbao, y *El Progreso* reconocía el carácter ácrata y antimilitarista de la manifestación de Sabadell.

Las medidas del Gobierno, lograron que sólo parasen cuatro mil obreros, y que fracasara un movimiento, que iba indudablemente dirigido á ver si era posible reproducir en Barcelona los sucesos de 1909. Además, ¿podrá negarse que la «Confederación general del Trabajo» dirigió un manifiesto *á los revolucionarios españoles*, que terminaba diciendo: «El sentimiento demanda vuestra intervención, la razón lo aconseja, las circunstancias lo imponen; sed hombres?» Se ha dicho también que este manifiesto no procedía de la Confederación; y, sin embargo, la comprobación ha sido muy fácil, porque se vió que las personas ó entidades á quienes iban dirigidos los paquetes eran corresponsales de *Solidaridad Obrera* y *Tierra y Libertad*, y Sociedades confederadas.

Pero si alguna duda cabe de esta tendencia sindicalista, la revela bien claramente uno de los individuos del «Comité pro presos», Mateo Subirana, que escribió en París, poco después de los sucesos: «Proyectábamos llevar á cabo la huelga general en toda España, como medio de prestar la debida solidaridad á los luchadores de Bilbao, Málaga, Sevilla y otros puntos, que se encontraban en huelga hacía algunas semanas. El mal llamado demócrata Canalejas, respondió á la justa demanda de los explotados con el envío de núcleos de soldados á todas las regiones afectas para la huelga. Esto era una provocación gubernamental que no podía tolerarse; pero el Gobierno, deteniendo á nuestros más activos compañeros, imposibilitó el desarrollo de un movimiento que pudiera haber sido el más importante de los habidos en España durante mucho tiempo.» Negre, en un artículo en *La Guerre Sociale*, acusaba á Lerroux de haber hecho fracasar la huelga general revolucionaria... Y si alguna duda pudiera aún caber de lo ocurrido en Barcelona, no creo que exista, en cuanto á la huelga de Zaragoza.

En Zaragoza, los sindicalistas, más que un acto de solidaridad con los obreros de Bilbao, lo que realizaron fué una protesta contra la guerra; y del mitin de la «Confederación del Trabajo», salieron amotinados á los gritos, según *Heraldo de Aragón*, de: «*¡Viva la huelga general revolucionaria!* y *¡Muera la guerra!*» atacando á la fuerza pública. Los mismos que tomaron parte en esos sucesos, han dicho luego que les animaba el propósito de provocar la huelga general, de acuerdo con el sindicalismo revolucionario.

Antonia Maimón, una profesora laica, esposa de un

caracterizado sindicalista, al intervenir algún tiempo más tarde en un mitin de Burdeos, conmemorativo del aniversario de la muerte de Ferrer, afirmó que la huelga de Zaragoza fué un ensayo de revolución social, que reaparecerá con mayor fuerza. Y *El País*, hablando de los sucesos ocurridos en dicha capital exclamaba: «Saludemos sombrero en mano á la invicta Zaragoza; no ha habido allí conjura revolucionaria; pero ha habido algo más: ¡la revolución! La revolución espontánea, sin previo anuncio, sin tenebroso complot, surgiendo armada y pronta á dar y á recibir la muerte, en aras del ideal.»

En Valencia, los agitadores trataron también de producir un movimiento sindicalista, y los sucesos de Cullera, Gandía, Játiva y otras poblaciones, no puede decirse que tuvieran un carácter puramente económico.

Ante el anuncio de que la huelga general iba á proclamarse en España; ante la lucha de la fuerza pública con los revoltosos en Zaragoza y Valencia, y ante el paro general de Sevilla, Canalejas se decidió á suspender las garantías constitucionales. «Cumpliré mi deber—dijo—sin crueldades y sin odios, pero con energía.»

Todos los periódicos radicales extranjeros dieron un sentido revolucionario al movimiento que se producía en España. En 20 de Septiembre *L'Humanité* describía los sucesos, encabezando el relato con estos epígrafes: *Hacia la República española, Levantamiento general en España, La huelga general será proclamada hoy.* Comentando el acuerdo de la «Unión de Trabajadores», favorable á la huelga general, escribía: «La Unión general de Trabajadores» acaba de decidir la huelga general para toda España; así la gran organiza-

ción económica del proletariado transpirenáico, que siempre luchó de acuerdo con su organización política el partido obrero socialista, se declara sin ambajes, netamente, por la lucha revolucionaria contra la Monarquía.»
La Guerre Sociale de 27 de Septiembre, publicaba con el título *La revolución en España* el siguiente suelto: «La huelga general ha sido declarada en España; el *sabotage* funciona en grandes proporciones. Un juez y un alguacil han sido muertos á tiros. Madrid, Bilbao y Valencia están en plena efervescencia; es la revolución, que hace su debut.» *Le Peuple*, de Bruselas, atribuía el fracaso del movimiento, á la traición de Lerroux. En el *Bulletin International du mouvement sindicaliste* se examinaron las huelgas de España, y se dijo que habían tenido un carácter sindicalista revolucionario en Zaragoza y en Valencia, y que si no se consiguió lo tuvieran en Barcelona, fué por la traición de Lerroux. La misma consideración hizo el otro órgano sindicalista francés, *La Vie Ouvriere*.

¿Reprimió Canalejas las huelgas con severidad excesiva? Nosotros creemos que no. Tal vez el ilustre político no debiera haber suspendido las garantías constitucionales; pero sin duda pesó en su espíritu el ejemplo de lo hecho por los hombres de la Revolución de Septiembre, en momentos también difíciles para la Patria.

«El Gobierno—decía Canalejas contestando al documento suscrito por el Sr. Azcárate á nombre de la Conjunción,—difícilmente podría sustituir con argumentos suyos los que Prim, Ruiz Zorrilla, Sagasta, Martos, sintetizaron diciendo que «cuando los enemigos del orden perturban los pueblos, llevando el terror á todas partes, debe advertírseles que los malos ciudadanos son indignos de gozar los sagrados derechos de la ciudadanía, y ellos son los que contra su voluntad obligan á los Gobiernos á suspender temporalmente las garantías constitucionales en defensa de la seguridad de las personas, del capital, de la industria, del comercio y del trabajo; en defensa de las libertades cívicas y castigo de quienes pretenden comprometerlas y deshonrarlas con el escándalo y la violencia. »

Se ha dicho que el Gobierno persiguió arbitrariamente á todas las Asociaciones obreras. Sin embargo, Canalejas no había autorizado este procedimiento. En el telegrama que dirigió en 22 de Septiembre á las autoridades militares, decía que las Asociaciones encaminadas al bien y mejora de la clase obrera, debían ser garantidas y respetadas en todos sus derechos. Y en otra circular á los Gobernadores civiles completaba este pensamiento, afirmando que no se trataba de perseguir por sistema á ninguna Sociedad obrera, sino de dificultar é impedir el funcionamiento de las que, lejos de proponerse un fin de mejora económica, realizasen actos revolucionarios.

Los obreros sindicalistas habían ya censurado duramente al Sr. Canalejas por la acción del Gobierno en las huelgas de 1910, y por la intervención de la fuerza pública. Sin embargo, ningún Gobierno, por radical que sea, de ningún país de Europa, ha dejado de emplear medios análogos para precaver graves alteraciones del orden público.

Waldeck-Rousseau había dicho en Francia, en 27 de Febrero de 1893: «El Gobierno tiene el deber de hacer respetar la libertad de trabajo, sea en la persona de los obreros ó en la de los fabricantes, y de impedir todo ataque á la propiedad industrial, y para ello, con medida, debe prevenir fuerzas que pueden ser necesarias en un momento dado».

Clemenceau y Combes sostuvieron análoga doctrina. Briand exclamaba en Francia, que por encima del derecho de los obreros estaba el de la sociedad á vivir, y después añadía: «¿Puede un Gobierno tolerar la anarquía, esas imágenes de la anarquía y de la licencia?» «El primer deber de un Gobierno—decía Millerand, justificando las medidas militares adoptadas cuando la huelga ferroviaria francesa—es salvaguardar la seguridad general». Y de Caillaux son estas declaraciones:

. . . .

«Es preciso que cesen estas amenazas de fuerza, estas tentativas de desorden, que provienen del furor revolucionario ó del fanatismo, que toman por pretexto la crisis económica de un departamento, la afirmación de un principio monárquico, la reivindicación de una huelga, la aplicación de una ley, la percepción de un impuesto ó el despido de un funcionario.

Es preciso que cesen esas predicaciones antimilitaristas; esas llamadas á la deserción, al odio, á la guerra civil, á través de las cuales se encuentran en los que preconizan el pacifismo y el amor al prójimo, instintos bélicos para arrojar unos contra otros á los hijos divididos de una misma patria.

Es preciso que cesen, por encima de todo, estas manifestaciones de acción directa: vandalismo de los unos, *sabotage* de los otros; estos atentados contra las personas y los bienes; todas estas formas vergonzosas y degradantes de la brutalidad, que son á modo de un retorno al salvajismo primitivo.»

Los gobernantes ingleses han expresado idéntico criterio. Al discutirse la huelga de mineros, el Ministro de la Gobernación, Churchill, decía lo siguiente:

. . . .

«Se ha combatido también al Gobierno por el gran número de fuerzas que ha desplegado. Y es verdad que con los elementos de ataque de que hoy disponen los soldados, fusiles, sables, etc., etc., basta una pequeña fuerza para imponerse á grandes masas. Pero, precisamente, para evitar que las fuerzas se viesen obligadas á hacer uso de esas terribles máquinas de guerra, para que se impusieran á los revolucionarios por su número, sin necesidad de hacer uso de las armas, ha movilizado el Gobierno todas esas tropas, y ha logrado sus propósitos, porque se ha restablecido la tranquilidad sin que haya que lamentar más que algunos muertos. A esto llamaba el honoroble miembro de Leicester (Ronay Macdonald) el cruel empleo de la fuerza. La Cámara ha escuchado también el relato que ha hecho, de los perjuicios ocasionados por la intervención del ejército. Pero lo que no se ha dicho aquí todavía ha sido el número de vidas que se han salvado, el número de tragedias evitadas, el número de sufrimientos prevenidos por la intervención del ejército.

Hay algunos hechos que pueden indicarnos cuán grandes son los beneficios que esa intervención militar ha ocasionado. Nosotros sabemos que el pueblo muere por diversas causas. El tanto por ciento de las defunciones ocurridas en Liverpool, ha crecido durante el curso de los pasados sucesos. Y ese aumento ha sido nutrido con la muerte de niños, que son las primeras víctimas del abandono y las privaciones que las huelgas han ocasionado al vecindario.»

El célebre socialista Keir-Hardie, el más radical de toda la Cámara inglesa, no se atrevió á sostener que no debe intervenir la tropa, para evitar desórdenes. El diputado liberal Mar-Kan, después de relatar los desórdenes de Chestefield, donde los amotinados trataron de incendiar edificios, etc., afirmó que todo se calmó cuando llegó la tropa, publicándose el *Riot Act*, y preguntó á Kier Hardie:

—«¿Aprueba el honorable miembro, que en ese caso era deber del Gobierno enviar tropas, en ayuda de la autoridad civil?»

Keir-Hardie.—«*Esa es la ley.*»

Mar-Kham.—«No estamos en un mitin. Estamos en el Parlamento Imperial. Yo deseo que me conteste el honorable miembro si aprueba el uso de las tropas para reprimir los desórdenes, cuando la autoridad civil es impotente para ello.»

Keir-Hardie.—«Yo no me he quejado de que se emplen soldados para reprimir desórdenes, sino de que se desplieguen tropas sin necesidad.»

Mar-Kham.—«Y yo le he preguntado concretamente si aprobaba el uso del ejército cuando la autoridad civil es impotente para guardar el orden público. Y como el honorable miembro no me contesta, es señal de que no tiene que contestar.»

Mientras en España sólo resultaron cinco personas muertas al reprimir los desórdenes, en Inglaterra hubo 19 muertos y 459 heridos, siendo detenidos 300 huelguistas; en Italia, en el intento de huelga general por la expedición de Trípoli, ocho ó nueve muertos; y según el periódico socialista *Avanti!*, sólo en una carga de caballería en Forlí quedaron heridas 40 personas. Es preciso leer el órgano portugués *O Sindicalista*, para ver la forma en que los Gobiernos portugueses, tanto los anteriores como el del radical Costa, sofocan los movimientos proletarios, empleando la fuerza pública y sometiendo los obreros á los Tribunales militares.

Son dos hombres radicales: el uno, muerto ya desgraciadamente, D. Luis Morote; el otro D. Juan José Morato, los que defienden la política y la conducta de Canalejas con los humildes, siempre noble y generosa.

Juan José Morato, en un artículo publicado en 14 de Noviembre en el *Heraldo de Madrid*, decía, refiriéndose á Canalejas:

«Gobernó en una época de exacerbación del movimiento obrero, aun más exacerbado y duro por la organización patronal; fué humano en la represión de los conflictos; y no pudo ser de otro modo, porque sobre todo D. José Canalejas, y ésta es su mayor gloria, era un hombre bueno.

Queriéndole de veras, debiéndole gratitud, mi pluma tuvo censuras para su gestión.

¡Con qué amargura hace poco más de un año, á nuestros amistosos reparos en íntima conversación, respondía: «Estoy casi solo»!

Intervino en los conflictos obreros; no fué culpa ni de su voluntad ni de su deseo—y así lo hemos dicho en otra parte—si la resolución de ellos no correspondió á sus propósitos: los patronos españoles se han organizado para la resistencia, y ello implicó é implica encono y dureza en las luchas, que ningún Gobierno puede evitar.

Estaba la legislación obrera positiva virgen de leyes promulgadas por los liberales; él la enriqueció, y actualmente activaba el celo del Instituto para regular el trabajo de los dependientes y prohibir la labor nocturna de los panaderos.

Se explica la muerte de un Stolipyne; pero de este hombre humano y generoso, no, ni siquiera en la represión de 1911, y mucho menos cuando ya la normalidad estaba totalmente restaurada, siquiera fuese la normalidad con las impurezas comunes á todos los Gobiernos, tal vez, y sin tal vez, superiores á las más altas voluntades, porque arrancan de la letal indiferencia de las masas.

No se explica, no, el asesinato, y mucho menos cuando ya estaba anunciado un indulto para los delitos políticos y sociales que, de depender exclusivamente de la voluntad del insigne asesinado, ya estaría promulgado hace tiempo.

Se le censuró hasta con dureza; con todo, nadie le quería mal, y en los núcleos obreros su trágico fin no suscitará sino pena é indignación.

¡Execrable y contraproducente el derramamiento de sangre, en pocos casos lo será tanto como en éste!

En sus relaciones de patronos con los obreros, este *Heraldo* es ejemplo, y lo que hace dos años dijimos de su pobre hermano Luis, le es aplicable á D. José Canalejas, que al fin era el cerebro de la Empresa, y el corazón también. ¡Aún no hace muchos días visitaba todos los talleres, y bromeaba con los operarios cual si fuese el patrono cariñoso que estimula el trabajo con el afecto!

Con honda emoción, en la que entran la gratitud, y más aún la justicia, descubrimos nuestra cabeza ante la tumba de este hombre bueno, amable, llano y amigo cariñoso de los pobres y de los humildes.

CAPITULO X

CANALEJAS Y LA REFORMA DE LAS LEYES CIVILES Y CRIMINALES.—CANALEJAS Y LA PENA DE MUERTE.

Ya hemos dicho que Canalejas fué antes que nada, como Pacheco, Alonso Martínez, Gamazo, Martos y otros insignes varones que ocuparon las altas posiciones del Estado, un propulsor del derecho español. No vamos á examinar aquí su labor y sus dotes de jurisconsulto, sino sus ideas en orden á la administración de la justicia, á las reformas que trató de implantar en España, y sobre todo, su gestión como gobernante partidario de las modernas teorías del derecho. Canalejas contribuyó de un modo eficaz á la promulgación del Código civil; y como él decía en el Congreso, al hacer el resumen del debate planteado con motivo de su publicación, no había conseguido que fueran sus ideas las que prevalecieran, pues su criterio era aún más amplio y radical, y las bases aprobadas constituían una transacción de los diversos principios y doctrinas sustentadas.

Su paso por el Ministerio de Gracia y Justicia resultó en extremo provechoso. Asistido por el ilustre Salillas inauguró la publicación del *Anuario Penitenciario;* hizo imprimir el primer resumen de la notabilísima información de los Registradores de la propiedad; preparó asimismo las Memorias anuales de Fiscales y Presidentes sobre el Jurado y las del Tribunal Supremo sobre el Código civil; dejó muy adelantado el proyecto de publicar periódicamente las doctrinas sentadas por las Salas de lo civil de las Audiencias territoriales, para hacer más fecundas las enseñanzas de la jurisprudencia centralista; suprimió las administraciones diocesanas, facilitando al Poder civil medios de defensa que antes no tenía, y estableció para los funcionarios judiciales el turno de antigüedad.

En la inauguración de los Tribunales de justicia el año 89, abordaba Canalejas en un magnífico discurso la reforma de las leyes. Tras de referirse á la publicación del Código civil, estudiaba las leyes mercantiles, el funcionamiento del Jurado, el Código penal, el sistema penitenciario, la libertad condicional, etc.

Respecto del Derecho mercantil se fijaba en el carácter esencialmente internacional que en todos tiempos, y más en nuestros días, imprime á ese derecho un movimiento uniformador y cosmopolita, demandando el estudio de las fórmulas científicas y de las soluciones prácticas consignadas en las actas de los Congresos de Amberes y Bruselas y en los Boletines de las Cámaras de Comercio de las principales naciones europeas.

Acerca del Jurado cantaba los primeros resultados de esta institución:

«Ni el optimismo más entusiasta pudo prever un éxito tan completo. La invencible resistencia de los Jurados, cohibidos bajo el peso de una responsabilidad, tanto más abrumadora cuanto menos voluntariamente contraída; la incultura de los testigos, revelada por contradicciones y perplejidades, fáciles de penetrar para los Jueces de derecho, pero peligrosas para el acierto de los Jueces de hecho; la propensión invencible á lenidades sugeridas, cuándo por temor á errar, cuándo por la influencia de afectos é intereses locales; desacuerdo permanentes entre el veredicto y la acusación fiscal, muy propios del vulgar concepto que atribuye al ministerio público el deber de solicitar graves penas y al fallo la misión de promediar las peticiones de la acusación y de la defensa; la absolución sistemática sancionando la impunidad; desvíos, hostilidades tal vez de la Magistratura, ora surgidos de una excesiva estimación de superioridad, ora de íntimas desconfianzas en el cumplimiento de su difícil misión directora; toda esta serie de argumentos tan perseverantemente aducidos, queda desacreditada por la experiencia y se contesta victoriosamente con cifras de innegable autenticidad.»

Examinaba después el Sr. Canalejas los trabajos realizados para la modificación del Código penal por los Sres. Silvela, Alonso Martínez y Bugallal, y exponía su criterio de este modo:

«El influjo del sistema correccional, atenuando el carácter expiatorio de las penas, un mayor y más vivo acento espiritualista al expresar el concepto del delito y en la determinación de las responsabilidades penales; reglas similares para la imputabilidad, sus modificativos y graduaciones; una reacción enérgica contra la excesiva variedad de nuestras escalas penales que cohiben y limitan el criterio del Juez, anulando con su arbitrio el verdadero fundamento de su responsabilidad moral, mientras las corrientes avasalladoras de la ciencia exigen la individualización del delito por obra de la libre apreciación del Tribunal; la consiguiente limitación de las penas á muy pocas especies para hacerlas flexibles y adaptables á la fecunda originalidad de los hechos punibles, son otras tantas soluciones que se imponen y constituyen el fondo de esta imporrante obra legislativa.

Si en otros extremos subsisten divergencias difíciles de conciliar, más se fundan en reparos circunstanciales de lugar y tiempo, ó de procedimiento y forma, que en verdaderos antagonismos de doctrina.

El abono al reo de la detención y prisión preventiva, cuyo corolario lógico es el resarcimiento al inocente del daño inferido por injustificados procesamientos, los efectos de las condenas en el goce y ejercicio de los derechos civiles y políticos, materia desenvuelta, no sólo en el Código, sino en leyes y reglamentos especiales; la indemnización del daño causado ó de los perjuicios sufridos por la víctima del delito ó su familia, á cuyo efecto debiera favorecerse la transacción judicial y distribuirse en otra forma el producto del trabajo de los penados; la distinción entre la reincidencia propiamente dicha ó específica y la llamada imperfecta ó genérica; la supresión de las penas perpetuas; el cumplimiento en plazos de la pena de multa, cuya exacción de momento envuelve á veces crueles rigores, son otros tantos problemas que, si no han alcanzado solución definitiva, no hacen temer obstáculos insuperables para la inaplazable reforma del Código penal.»

Sobre la libertad condicional y la reforma penitenciaria, ya en 1889 afirmaba Canalejas sus convencimientos reformistas.

«Inglaterra, Alemania, Suiza y Dinamarca abonan, con la experiencia de varios lustros, los provechosos efectos de la libertad condicional y revocable de los penados; Francia y Bélgica no parecen desanimadas de sus recientes ensayos; Austria é Italia incluyen en sus notables proyectos de Código penal esta institución jurídica, como un elemento inapreciable en el sistema penal.»

Canalejas era partidario de las colonias penales, tal como se han ido estableciendo en nuestro país. «En un país agricultor como el nuestro, debe practicarse aquella máxima de redimir al hombre por la tierra y á la tierra por el hombre.» Oficio es, añadía, de la administración penitenciaria, impedir que con fundamento, sigan estimándose, á lo sumo, los establecimientos penales vallas más ó menos franqueables, que separan los criminales de los inocentes, debiendo convertirse los centros de expiación en instrumentos correctores y de enmienda.

Canalejas siguió atentamente la evolución de todas las ramas del Derecho.

El sentimiento jurídico avanza á medida que se eleva el nivel moral y la cultura de los pueblos. En el seno de las sociedades se ha luchado largo tiempo por la igualdad jurídica. Cuando la sociedad estaba gobernada despóticamente, lo estaba también la familia. El primer resultado de esa lucha fué limitar la autoridad del jefe de familia. El hijo no pudo ya ser muerto ni vendido por el padre. La mujer, que en un principio era robada, y más tarde se compraba y pasaba al dominio absoluto del marido, después no fué la esclava de éste, aun cuando no llegara á establecerse entre los cónyuges un principio de igualdad. De esta manera, tanto en la familia como en la sociedad fueron disminuyendo las diferencias. En la sociedad cesó la esclavitud, y la autoridad del jefe del Estado se restringió notablemente: en la familia desapareció la esclavitud doméstica y el derecho *vitæ et necis* del jefe de la misma.

Pero la evolución continúa aún. En la familia, la mujer llega á ser la compañera del hombre, emancipándose de una tutela perpetua. Las sucesiones se regulan sobre una base de igualdad; á los vínculos ficticios de la agnación sustituyen los de la sangre; los hijos naturales son llamados á suceder; se llega á la investigación de la paternidad, y se limita la facultad de disponer por testamento y el derecho absoluto de propiedad.

Por otra parte, el aumento del comercio y de las industrias, las nuevas instituciones que origina el progreso de la civilización, hacen que se desarrolle más cada vez la materia del derecho privado, y que se sienta la necesidad de precisar su alcance y contenido.

Esas relaciones económicas faltan casi por completo en nuestra legislación civil.

Canalejas se dolía de ello en su discurso de la Academia de Jurisprudencia, de 1894.

«El Código civil—decía—que emplea 130 artículos para definir las relaciones económicas del matrimonio, que dedica 93 á la compra-venta, 60 á los censos, 44 á la sociedad, 35 á la fianza, 32 al depósito, 32 al mandato, 19 á los contratos aleatorios, 18 al préstamo, 17 á la prenda, 13 á las transacciones, 15 á los cuasi-contratos, 7 á la hipoteca, 6 á la anticresis y 9 á las obligaciones nacidas de culpa ó negligencia, encierra en 17 artículos cuanto se refiere al arrendamiento de obras y servicios.»

El derecho de propiedad tenía para Canalejas un carácter orgánico y social, fuera del que no era legítimo ni respetable. Por eso al hablar de la herencia, la defendía, pues, á su juicio, tronar contra ella, admitiendo el individual disfrute de la propiedad durante la vida, era profesar en nombre del colectivismo más exagerado de los conceptos individualistas, olvidando ese carácter orgánico, esencia de la propiedad. De ahí que añadiese:

«Fúndase la sucesión legítima ó intestada en el principio del dominio familiar y en la interpretación de los deseos del difunto; principios que deben coordinarse en un amplio concepto de armonía entre los fines individuales y sociales. Si el vínculo natural de la sangre triunfó en la esfera jurídica de las ficciones de la antigua agnación, pocos jurisconsultos niegan ya la necesidad de restringir sus límites primeros, porque relajada está en las realidades de la vida la intensidad del mutuo auxilio y de los afectos recíprocos, como notaba el docto Laurent al señalar su extinción en el sexto grado, y proponer la radical medida de destinar los bienes hereditarios adquiridos por el Estado á constituir un fondo especial afecto á la instrucción de las clases obreras. Y es que en la sucesión intestada, más frecuente de lo que el concepto vulgar supone, la ley extiende fuera de justa medida el respeto al vínculo familiar, que bien pudiera limitarse al cuarto grado, mientras olvida aquellos consocios dependientes, obreros y domésticos, que durante largos años consagraron al finado su afecto y contribuyeron al florecimiento de su fortuna, así como á las instituciones religiosas, benéficas, científicas, literarias, etcétera, en cuyo seno desenvolvió sus sentimientos, ideas y actividad productora.»

Al discutirse en Noviembre de 1899 el presupuesto de Gracia y Justicia, Canalejas preguntaba al Ministro, conde de Torreánaz:

«El Ministro de Gracia y Justicia piensa en la perpetuidad del actual Código civil. La jurisprudencia del

Tribunal Supremo, la literatura jurídica no muy abundante, ni compleja por cierto, que acerca de ese Código mismo y de su interpretación en forma de comentarios ha surgido, indican la conveniencia de pensar en la reforma; y si estima el Gobierno que debe realizarla, ¿lo va á hacer por el método tradicional de la depuración de la Comisión de Códigos, pero sin unidad, sin criterio ni pensamiento determinado, manteniendo el sentido histórico de ese Código, ó va á inspirarse en las enseñanzas del derecho moderno?»

Al ocupar Canalejas el Poder, trató de activar todo lo posible la reforma de las leyes civiles, penales y procesales, y, en relación con ellas, la orgánica de tribunales.

Para conseguirlo, el Ministro de Gracia y Justicia D. Trinitario Ruiz Valarino puso á la firma de S. M. el Real decreto de 12 de Marzo de 1910, encaminado á ese noble propósito, y en Septiembre de 1912, poco antes de la muerte del insigne hombre público, el señor Arias de Miranda anunciaba un plan completo de reformas orgánicas.

Y tras de referirse á la reorganización judicial y medios para hacer efectivas las reclamaciones contra la administración de justicia; á la instancia única en los juicios civiles, con las variaciones que esto impone, en los recursos de casación y la simplificación de todos los trámites con el abaratamiento de la justicia; á la creación de un Consejo judicial que entendiera en lo relativo al nombramiento, traslación, reingreso, jubilación y destitución de magistrados, jueces y fiscales, se ocupaba de la modificación de las leyes mercantiles, civiles y de Enjuiciamiento.

García Prieto, en su discurso de la Academia de Jurisprudencia de Febrero de 1910, había defendido la conveniencia de establecer una jurisdicción y enjuiciamiento especiales para los asuntos mercantiles. El Gobierno ofrecía una grande y radical reforma en los juicios universales de concurso y de quiebra. Y de la misma manera que se anunciaba la modificación de la ley Civil, inspirada en las ideas de Canalejas, sobre todo en lo referente á las relaciones entre el capital y el trabajo, se aceptaba el ejemplo de instituciones europeas modernas, hablando de tribunales para la infancia delincuente...

El Código penal, no sólo tiene que acomodar su texto legal á las exigencias presentes, á determinados preceptos constitucionales, á la ley del Descanso dominical, á la de Huelgas y á otras dictadas para llenar lagunas y omisiones, sino que es preciso acomodarlo al progreso de las ideas, á lo que un ilustre publicista extranjero llamaba la humanización de la ley penal.

El principio del castigo se confunde en la antigüedad con el de la venganza. El castigo es la pena del talión entre los hebreos ó la de compensación pecuniaria entre los germanos, como medio de reparar el daño causado á un individuo ó su familia. El ex Ministro francés Lanessan, en su libro reciente *La lutte contra le crime*, presenta la evolución de ese sentido histórico, y cómo se han transformado las nociones del delito y de la pena. Para Lanessan, el deber social consiste en poner la sociedad al abrigo del crimen, no en mostrarse inhumana ni vengativa con el culpable.

«El espíritu antiguo del Derecho penal, muere sin remedio—exclama Dorado Montero.»

Es indudable que ese concepto moderno resulta incompatible con la existencia de ciertos procedimientos, con el rigor de determinadas penalidades.

«Dentro de cien años—decía hace algun tiempo en Francia el senador Chartón, al presentar una proposición aboliendo la pena de muerte—, cuando las gentes lean que en nuestros días se cortaba la cabeza en nombre de la ley, el estupor de nuestros nietos será tan grande como el nuestro, al saber que hace años se dudaba en abolir el tormento.»

Ya en el discurso de apertura de Tribunales de 1889, Canalejas se declaraba partidario de la abolición de la pena de muerte.

«Deploro—decía—que algunos ilustres publicistas afiliados á la escuela antropológica, aporten un refuerzo doctrinal tanto más valioso cuanto que se les juzga renovadores del derecho y del régimen penitenciario al mantenimiento de la pena de muerte. Y digo algunos antropólogos, por no ser cierto que todos coinciden en este grave asunto. Acorde en los fundamentos biológicos y sociólogicos del método de eliminación, el ilustre profesor vienés Moris Benedikt, considera un gran progreso la desaparición del verdugo, hace gala de verdaderas teorías abolicionistas Puglia, mal puede suponerse á Ferri defensor entusiasta de la pena de muerte, y hasta el mismo Lombroso transige con que se aplique sólo con carácter circunstancial.

La teoría abolicionista del legislador, hallará eco simpático en nuestra patria...»

Ninguna teoría puede justificar la imposición de esa pena, pues aparte de que el fallo es irreparable y la justicia humana falible. Ellero negaba su necesidad social y el liberalismo humanitario proclama la inviolabilidad de la vida humana.

Canalejas, en Enero de 1912, discutiendo con Zulueta, reiteraba su convencimiento contrario á la pena capital, y si no llevó á las leyes, por su fin desgraciado y prematuro, el precepto abolicionista, durante los años que ocupó el Poder no se ejecutó en el fuero civil una sola sentencia de muerte. Fué el primer gobernante que desde 1867 no aplicó á los delincuentes esa sanción irreparable. En los tiempos de la revolución de Septiembre, Ministros como Ruiz Zorrilla, Montero Ríos y Figuerola, no propusieron en varios casos el indulto; en el mismo año de la República, fueron tres los reos ejecutados y trece durante el Gobierno provisional del Duque de la Torre, en 1874.

Canalejas aconsejó el indulto de los reos de Cullera, no obstante el crimen odioso y abominable que habían cometido, escribiendo una hermosa página de perdón, no lo bastante agradecida por los elementos radicales, pues debe recordarse las circunstancias que concurrían en aquel trágico suceso.

A pesar de su conducta generosa, el fusilamiento del marinero del *Numancia* motivó una campaña injusta contra el insigne estadista, llegando algunos á afirmar que el fusilamiento de Sánchez Moya sería para Canalejas, lo que el de Ferrer para Maura.

Lerroux reconoció, en su discurso de Junio de este año, que la sentencia de Sánchez Moya había sido motivada por consideraciones de disciplina; pero entonces *El Radical* y los demás periódicos republicanos y socialistas de España trataron á Canalejas con gran dureza, sin tener en cuenta que ni siquiera, y contra su voluntad, pudo intervenir en el procedimiento. Bastaba repasar el Código penal de la Marina de guerra, la ley Orgánica de los Tribunales de marina y la ley de Enjuiciamiento de Marina, para comprender que el Gobierno no podía ni debía saber nada del sumario y de las actuaciones y de la sentencia, y que el Consejo de guerra podía llegar hasta el fin, sin la intervención de nadie.

Ya hemos indicado lo que declaró Lerroux en el Parlamento. Mucho antes, aquel insigne republicano, amante del orden social, que salvó á España en momentos de peligros, Castelar, había dicho:

«La abolición de la pena de muerte es un principio nuestro, un principio científico y político; pero á ninguna República del mundo, ni á Suiza ni á los Estados Unidos, se le ocurrió sostener que pueda existir un ejército sin disciplina; un ejército que es una máquina de guerra, sin que ella, que ha de ir precisamente á la muerte, y si no va no cumple su destino, tenga á sus espaldas la sanción de su vigor y de su fuerza establecida en todos los Códigos militares del mundo, sin excepción, la pena de muerte.

Acusadme de inconsecuente si queréis, yo escucharé la acusación y no me ofenderé. ¿Tengo derecho á salvar mi nombre y mi reputación? No. Perezca mi nombre, no me importa; pero que no se pierda la Patria. Admiro á Salmerón que se queda con su conciencia íntegra; pero no tengo el valor necesario para seguirle.»

No sólo en el fuero de guerra proclamaron los republicanos la necesidad de la pena de muerte ¿No hemos visto que el año de 1873 se cumplieron tres sentencias de pena capital? ¿No recuerdan todos aquel debate á raíz de los sucesos de Alcoy, en que se pidió al Gobierno por hombres como Vallés y Ribot, López Santiso y Melchor Almagro que fuese *inexorable*, que no tuviera clemencia ni perdón para los criminales, para los incendiarios, para *los que manchaban con borrones indelebles el inmaculado lábaro de la libertad y de la República?* ¿No fué en aquel debate en el que Orense afirmó que aun cuando hubieran combatido la pena de muerte, si los sucesos obligaban á aplicarla, debía aplicarse, y en el que al notar el espíritu de la Cámara, un diputado de la izquierda, Payela, exclamó alarmado: «Tengo que condenar á la mayoría, que viene predicando conmigo desde hace veinte años la abolición de la pena de muerte, y, sin embargo, al preguntar yo: «¿queréis que se aplique esta pena?», se ha levantado para contestarme, *sí, sí?*»

Canalejas no hizo cumplir en el fuero civil ninguna sentencia de pena capital, y apenas llegado al Poder, dió un amplio indulto, en el que se incluían los delitos de imprenta, políticos, electorales y de desobediencia por quebrantamiento de destierro.

«No podíamos sostener la inflexibilidad y el rigor —decía Canalejas el 20 de Julio de 1910—, porque este Gobierno inspira sus actos en un sentimiento de noble clemencia.»

Cerca de 3.000 ciudadanos se beneficiaron del indulto, y pudieron volver á su patria cientos de obreros emigrados en Francia desde los sucesos de 1909.

Si Canalejas aplicó un criterio generoso á sus actos de Gobierno, procuró mantener en todo momento la dignidad y prestigio de la justicia. Cuando, después de las huelgas de 1911, se inició en el extranjero por *La Bataille Syndicaliste* y *L'Humanité* la campaña sobre los supuestos tormentos de los reos de Cullera, de la que se hicieron eco en España algunos radicales, Canalejas logró que la verdad quedase esclarecida, para bien de nuestro nombre y de la honra de España.

Las acusaciones que entonces se dirigieron al Gobierno español eran de la misma categoría de las que era objeto el Gobierno francés, pues los socialistas de la vecina República llamaban también torturadores á Caillaux y Cruppi, por mantener á Hervé en prisión y castigar las propagandas antimilitaristas.

CAPÍTULO XI

Canalejas y el Ejército.—El poder militar de España.—El servicio militar obligatorio.—La ley de Jurisdicciones.

La realidad está muy lejos de las fantasías de los utopistas. La Patria no es una creación arbitraria, producto de la evolución egoísta de la aristocracia ó del capitalismo. La Patria es un estado necesario en la marcha incesante de la humanidad, hacia una organización superior. «La sociabilidad, cada día mayor—decía Augusto Comte—, se extiende de la familia á la Patria, de la Patria á la humanidad, y cada forma más amplia de unión modifica la precedente, pero no la destruye».

Los individuos y las familias de una nación deben vivir y defenderse, para que la nación sea grande. No por la debilidad, sino por la personalidad vigorosa y libremente disciplinada, surge la fuerza de la vida colectiva. El verdadero patriotismo, que no es agresor, pero que no soporta la servidumbre, es el mejor instrumento de la paz de los pueblos y del progreso humano.

Para muchos espíritus esclarecidos, pero en esto equivocados, Alfredo Fouillee é Yves Guyot, por ejemplo, la verdadera democracia es incompatible con la existencia de los ejércitos permanentes que sostienen todas las naciones. La democracia tiene por ideal la persona humana considerada como fin, no como medio. La democracia persigue esencialmente la justicia, la propagación del bienestar, el desarrollo intelectual y moral de los individuos, en una palabra, la paz universal; y el medio que emplea, el único que admite, es el respeto á la ley, la expresión regular de la libre voluntad de los ciudadanos. ¿Cómo conciliar ésta con el Ejército, que implica como fin la guerra y como medio, la obediencia pasiva á un mando personal?

Pero la democracia no es otra cosa que el gobierno del pueblo, y no hay pueblo alguno sin lazos con el pasado, sin cuidados para el porvenir. No hay pueblo alguno sin bienes que conservar y transmitir, sin un patrimonio legado por sus ascendientes, una tierra querida, unas costumbres, una historia común, instituciones, monumentos de arte, todo lo que constituye la Patria.

Todas esas riquezas son cosas creadas por el esfuerzo y la perseverancia del hombre, no productos espontáneos y necesarios de fuerzas naturales. Esas riquezas, que provienen de la inteligencia, de la lucha y del trabajo, no subsistirían sin defensores que las conservaran. Faltas de defensores, no solamente quedarían á merced de las rivalidades y de las ambiciones, sino que perecerían como toda obra de vida y de inteligencia abandonada á las fuerzas indiferentes de la materia.

«Lo que has heredado de tus padres no lo conservarás si no lo ganas»—dice con frase humorística y profunda el Mefistófeles de Goethe.

Pero el Ejército tiene ese objetivo de defensa nacional, y no otro; su fin no debe ser la dominación, ni su medio una disciplina despótica.

La compatibilidad entre el Ejército y la democracia

no es una simple verdad abstracta, es una obra viva, un trabajo de adaptación de los hombres.

Leer á Bourgeois, á Bouglé, á Boutroux; el Ejército para ellos es la nación misma, inspirada en un ideal de abnegación y sacrificio.

Canalejas tenía ese noble concepto de la función militar. El servicio general obligatorio era para él, como el sufragio universal, una expresión de la democracia.

En España el espíritu revolucionario había inscripto en sus programas la desaparición de la injusticia social que nuestro Ejército representaba. Hasta 1850 luchan los partidarios de la sustitución y la redención; un Ministro puede decir de ésta, que era una partida del presupuesto arrancada inicuamente como privilegio concedido al oro en menoscabo de la clase más necesitada del amor de sus hijos, más necesitada por el concurso y la asistencia de su trabajo. Por eso Sagasta y Rivero censuraban aquella organización militar, y la Revolución del 68 se hizo con el estímulo de la desaparición de las quintas.

«Señores—decía Castelar el 23 de Mayo de 1869—, la verdad es que los pueblos tienen mucha razón en este asunto, muchísima razón. Empecemos porque el primer domingo de Abril es un día nefasto en todas partes: continuemos por esta triste iniquidad de la lotería fúnebre, por la cual se arranca el corazón á unos, y los que se alegran tienen que alegrarse de la desgracia de sus hermanos: sigamos porque salen de su casa los jóvenes, en el momento en que son más necesarios á sus padres y en el momento en que las primeras pasiones del corazón se arraigan en la tierra, por lo cual sufren más tarde una nostalgia que suele matar á muchos soldados en toda España: continuemos por la injusticia irritantísima que hay aquí, en esa contribución antidemocrática, en esa contribución antihumanitaria (y por eso decimos que es una contribución inicua), la injusticia de que la paga el pobre y no la paga el rico, cuando el pobre necesita más de sus hijos que el rico, porque los ha criado para que empapen con el sudor de su frente el campo y le dé sus frutos, para que trabajen en el taller y le den su sustento en el momento mismo en que las fuerzas de su alma, como las de su cuerpo, decaen.»

«Yo no redimiré á mi hijo—exclamaba el General Prim—. Quiero que cumpla con el deber de un buen ciudadano. No hace muchos días anuncié ya á su madre que en la primera campaña que haya me lo llevo conmigo, para que aprenda á pelear por su patria y á defender la libertad.»

En aquel debate, el criterio predominante entre los republicanos fué el de la implantación del voluntariado; pero muchos de los hombres del partido republicano, Castelar entre ellos, evolucionaron hasta convertirse en defensores del servicio militar obligatorio. Por eso Castelar afirmaba en 1887, que el principio de los principios democráticos era el servicio personal obligatorio, y que el principio de los principios doctrinarios era el de redención á metálico; y Labra sostenía que todo ciudadano, sin distinción de clases, categorías ni fortuna, fuere sometido al servicio militar, y que para sustraerse á esta obligación patriótica, fuera preciso renunciar á la nacionalidad española.

Canalejas recogió, al discutirse la ley constitutiva del Ejército en 1888, este espíritu, que animaba á todos los hombres sinceramente enamorados de las ideas democráticas.

«¿Qué es la redención en España?—preguntaba Canalejas el 1.º de Marzo de 1888.— ¿Cuál es el concepto y cuál es la práctica de la redención? La redención, señores diputados, se establece como un equivalente de la sustitución; la redención, como lo ha sostenido en Bélgica el general Brialmont, gloria de aquel ejército, cuando no era más que coronel, mereciendo, por cierto, censuras apasionadas por defender á un Ministro que sostuvo este principio, la redención es un equivalente de la sustitución; es la sustitución por el Estado, es decir, para reprimir la inmoralidad de las empresas ó agencias de sustitución, esas agencias resucitadas, no quiero decirlo con frases acres, pero sí con verdadera amargura, resucitadas por el partido conservador. Para poner remedio á eso se apela á la redención, en virtud de la cual, el Estado es el agente, el Estado es el empresario, el Estado es el que sustituye, el Estado con una mano recibe en depósito sagrado el oro empapado en lágrimas quizá, y que constituye el fondo de redención, y que con la otra le distribuye entre los veteranos aguerridos, á los que debe la patria la defensa de su honor y el enaltecimiento de su bandera.

Pero esa no es la redención de que ahora se habla; la redención que ahora se defiende, la redención cuya falta se supone que ha de ocasionar un déficit al Tesoro, es otra cosa que es necesario explicar. Es un tributo simulado, es una distracción de depósito, es aquello que si un ciudadano particular lo realizara, estaría sometido á la sanción del Código penal; y lo que la conciencia individual por inmoral repugna, lo que el Código penal por delincuente castiga, no puede admitirlo ningún Parlamento. ¿No se nos habla aquí, Sres. Diputados, todos los días, de que vamos á suprimir una partida de ingresos? ¿No se nos dice que vamos á indotar el presupuesto en unos millones fantásticos, que algunos han dicho que eran quince y otros han rebajado á siete? Luego subsiste la realidad del hecho.

Por si mis palabras no tuviesen autoridad, y no la han de tener mucho para vosotros, acudid á las Memorias del Consejo de Redenciones, y allí veréis, dicho con una energía plausible, con una energía que honra á los dignos representantes del ejército y del país, que confundidos constituyen aquella Corporación, garantía de tantos derechos y amparo de tantos intereses, y allí veréis cómo escriben de contínuo páginas doloridas acerca de esa distracción de depósito de que se les hace víctimas, pero de que no quieren hacerse cómplices.

¡La redención á metálico! La redención á metálico es incompatible, no sólo con el espíritu democrático, sino con el espíritu cristiano. ¡Ah! decidle á la madre dolorida que abandona á su hijo, decidle que esa es la bestia humana que se vende en el mercado por 4, por 6 ó por 8.000 reales; decidle eso, y le habréis dicho algo condenado por la conciencia y condenado mil veces en la tribuna parlamentaria; pero es que podéis decirle más; decidle: es necesario que los años de servicio, en vez de disminuir, aumenten; pues así como á medida que los años de servicio disminuyen, disminuye el importe de la redención; es necesario que la carga subsista, y que subsista en sus proporciones más odiosas, para que el Tesoro español no se prive de algunos millones.

Yo me dirijo á vosotros, Sres. Diputados, los que

representáis aquí la defensa, aunque todos la representamos por igual, pero en fin, me dirijo á los que creéis representar más enérgicamente la defensa de ciertos intereses materiales y económicos; yo me dirijo á vosotros y os digo: ¿es que unos cuantos millones arrancados por este medio, es que un fondo constituído con tanta iniquidad, puede una nación, podéis vosotros, hombres del trabajo, pedirlo como una necesidad para el presupuesto?»

En este discurso en que Canalejas mostró su dominio de los asuntos militares, Canalejas abordó con gran elocuencia el tema del militarismo, del Poder militar.

«Yo soy—afirmaba—enemigo del militarismo, porque el militarismo supone la sumisión de los principios de las autoridades y de los derechos civiles al régimen del sable; pero soy amigo, soy partidario de sólido Poder militar, porque sin un sólido Poder militar, ni es posible sostener la libertad y los derechos y los principios de autoridad en el interior, ni es posible sostener siquiera la neutralidad en el exterior.

La neutralidad—añadía—sólo se garantiza con la fuerza, porque en 1870 Bélgica recibió la admonición de las dos potenciae rivales que la preguntaban: esta neutralidad que nos garantizas, ¿se apoya en la fuerza ó brota de los labios de tus estadistas, ó de la aspiración generosa de los jefes del Estado?»

En los discursos de 1898, exigiendo responsabilidades al Gobierno por la catástrofe colonial, y en el de 1903, al formular el programa de la nueva agrupación democrática, Canalejas insistía en ese criterio suyo de que era necesario procurar el poder y la grandeza militar de España, si no queríamos sufrir las consecuencias de nuestra incuria y abandono.

Canalejas había sido partidario de la política significada en la frase, «cueste lo que cueste», en pugna con aquel importante grupo de Gamazo y sus amigos, que enarbolaron la bandera del presupuesto de la paz. «Debemos pensar—decía en la sesión de 11 de Julio de 1903—en la deficiencia real de nuestra defensa nacional, porque un adversario no nos perdonaría, la debilidad que nos había conducido á esta situación». Por eso en el Mensaje de la Corona, Canalejas hablaba de este problema, considerándolo esencial para los sagrados intereses de la Patria. Por eso procuró, durante la época de su mando, establecer en las leyes y en la práctica, las bases sólidas de una gran reconstitución militar.

Para llegar á esta reorganización, lo primero era cumplir aquel compromiso del servicio militar obligatorio, defendido ya por él el año 88. Al negar importancia á esta reforma, no ha faltado quien afirmase que los propios conservadores la habían inscrito en su programa; pero es lo cierto que la ley que vino á poner fin á un estado de tan grande y notoria injusticia, aparece promulgada durante la etapa liberal, no sin que el Gobierno encontrara dificultades y venciera resistencias.

España consignó así en sus leyes lo que en todas las naciones europeas está enaltecido y consagrado; pues aun aquellas, como Inglaterra, que mantienen el principio del voluntariado, evolucionan hacia el servicio obligatorio; evolución que se prueba con las tentativas del Ministro liberal Haldane y con el hecho de que hasta el socialista Blatchford defienda un ejército permanente, creado sobre la base de la obligación ciudadana del servicio militar.

Canalejas, al propio tiempo que establecía el servicio obligatorio en España, creaba las milicias voluntarias para Marruecos, procurando simultáneamente destruir la legítima protesta de las clases populares, causa principal de los sucesos de 1909, y resolver el problema de Marruecos, organizando como Francia y como Italia un ejército colonial, que economizase la sangre de los soldados españoles.

Canalejas se había preocupado toda su vida, de llevar al Ejército aquellos principios modernos, aquel aliento moral que es la base más sólida de su prestigio. No puede haber, ha dicho, con razón, el profesor de la Sorbona, Lansón, un patriotismo militar distinto del patriotismo civil; el patriotismo es el amor á la libertad y á las leyes; es sentir el interés y la vida de una institución, confundidos en el interés y en la vida de la Patria. Del mismo modo que el régimen militar anterior al servicio obligatorio, suponía un régimen de castas, y no hacía del Ejército un verdadero organismo nacional, la nación en armas de las concepciones liberales, así toda ley ó disposición que constituya un privilegio de la clase militar, quita al Ejército la base democrática, que es su asiento más firme y duradero. Canalejas no fué nunca partidario de la ley de Jurisdicciones; y cuando en 1908 se planteó este asunto al discutirse la proposición del Sr. Cambó, Canalejas dijo que el voto dado á esa ley circunstancial, había sido el más penoso sacrificio de su vida, pugnaba con sus antecedentes y era completamente contrario á sus honrados convencimientos.

Ya en el Poder, al discutirse el Mensaje de la Corona, Canalejas ofrecía realizar la reforma; para llevarla á cabo se nombraba una Comisión especial, compuesta de hombres ilustres de la Magistratura y del Ejército, la cual recibía el encargo de modificar las leyes de las jurisdicciones de Guerra y Marina, unificándolas en lo que tuvieran de común, corrigiendo las deficiencias que la práctica hubiese puesto de relieve, y aceptando los progresos que las ciencias penales alcanzaron los últimos años, sin mengua de aquellos preceptos que respondieran á las exigencias del orden y de la disciplina.

Que Canalejas no era militarista, aunque sí defensor y partidario entusiasta de las glorias del Ejército, lo comprueba su actitud durante el debate acerca de la revisión del proceso Ferrer, la crisis promovida y la forma cómo el Jefe del Gobierno dejó en aquella ocasión á salvo, las prerrogativas parlamentarias. En ese debate, Canalejas exclamaba:

«Pero, además, señores, ¿es que en España, en Francia, en Italia, los únicos países que he tenido que recordar por procesos análogos al que examinamos, no consignan los Códigos casos, circunstancias y procedimientos para la revisión? ¿Es que nuestro Código común penal y nuestro Código militar no tienen establecidos los casos y las circunstancias y los métodos para conseguir y tramitar la revisión? ¿Es que quien tiene tal falange de admiradores, no tiene el séquito de deudos necesario para intentar la revisión dentro de los procedimientos y normas del Derecho, es decir, acudiendo á los mismos Tribunales de justicia?...

Se puede por sus métodos, por sus razones jurídicas y circunstancias tasadas en los casos peculiares sustanciar la revisión; pero yo oí hablar, y ¿por qué no he de acudir al fondo y término, si es posible, del debate?, oí hablar aquí de una proposición de ley. ¿Por qué hurtar el cuerpo á ninguna dificultad? ¡Si yo no la he de rehuir! ¡Si sobre lo que ocurrió en Barcelona y sobre la actitud del partido liberal hablaré con tanta franqueza como si estuviera ahí, ¿qué digo con tanta franqueza?, con más libertad, con más desahogo, con más tranquilidad que si estuviera ahí! Porque ahora conozco lo que antes ignoraba: porque ahora sé lo que entonces no podía saber. ¿Por qué hurtar el cuerpo á la dificultad? ¿Qué género de proposición es esa? Si podemos ganar trámites, si podemos evitar equívocos, á ganar los trámites y á que los equívocos no surjan.

¿Esa proposición de ley quiere, por ventura, atribuir carácter retroactivo á los métodos y procedimientos aplicables á este caso, ó es, por el contrario, una previsión del legislador, que juzgando estrechos los moldes en que se contienen las definiciones jurídicas de la revisión quiere ampliarlos? Según sea lo uno ó lo otro, será nuestra actitud; porque nosotros tenemos aquí, liberales y demócratas, grandes obligaciones, obligaciones que cumpliremos de un modo inexorable, sean cuales fueren las consecuencias y los menoscabos que esas consecuencias nos originen.

Yo no censuro á nadie, pero hablo de mí. Yo sé que ni una sola pena de muerte se ha ejecutado en España, y llevamos catorce meses gobernando; sé que aquellos ciudadanos que habían traspuesto la frontera—y no era sólo el proceso de Ferrer lo que determinaba las impulsiones de la conciencia colectiva ni las protestas de los hombres eminentes y representaciones augustas de la intelectualidad española—, repasaron la frontera y vinieron á la zona templada de la legalidad, por una benevolencia, que quizás alguien censure, pero de que no me arrepentiré porque injustamente se olvide y con falta de equidad no se agradezca.

Nosotros hemos dicho, lo he dicho en la Cámara, lo he dicho en las conferencias celebradas delante del señor Presidente del Congreso, con representantes de las oposiciones; se lo he dicho al Sr. Azcárate: nosotros queremos la revisión del Código de Justicia militar; lo queremos, porque antes que nosotros lo han querido los militares: porque está trazada la huella, porque está señalado el camino en el nombramiento de varias Comisiones para la reforma de ese Código, porque ese Código no lo hicieron sólo soldados, ni es bien que sólo soldados lo reformen.»

Y como final de aquel debate, *El Imparcial* reconocía que el Sr. Canalejas no cerraba su espíritu á las reformas, ni el voto de los liberales demócratas tenía la misma significación que el de los conservadores, sino que el Presidente del Consejo solicitaba método y ocasión para la obra reparadora.

Canalejas no quería demorar el cumplimiento de sus promesas; lo que ocurrió es que, como declaraba el 8 de Mayo de 1912, contestando al Sr. Miró, deseaba abordar conjuntamente el problema de la reforma de la ley de Jurisdicciones y el más complejo, menos presurosamente exigido, pero reclamado también, de la reforma del Código militar. Para resolver conjuntamente esa obra, acudió, como hemos visto, á competencias técnicas, que fueron estudiando el proyecto, pero no con aquella rapidez que hubiera apetecido. En vista de ello, el 28 de Junio, al contestar á Pablo Iglesias en el debate acerca de la aplicación de la ley, y á Azcárate, que solicitaba su suspensión temporal en tanto que se realizara la reforma, Canalejas habló de ir inmediatamente á la derogación, propósito confirmado al tratar del plan parlamentario en un Consejo de Ministros del 5 de Septiembre, dos meses antes del infame asesinato.

La mayor satisfacción que Canalejas hubiera experimentado en su vida de gobierno, hubiera sido complacer en este punto los deseos de la opinión democrática, y que bajo su mando la reforma del Código de Justicia militar llevara al Ejército aquel mismo espíritu de mayor suavidad en las penas que, conservando y manteniendo la disciplina, responde, sin embargo, al principio inspirador de los últimos Códigos extranjeros, desde el de Alemania de 1898 al holandés de 1903.

Pero si Canalejas era defensor de una reforma honda de la justicia militar, Canalejas, como todos los hombres de Estado europeos, tenía que ser enemigo de las manifestaciones anárquicas del antimilitarismo. «El antimilitarismo, decía en la sesión de 26 de Octubre de 1910, no trata de juzgar la institución militar, sino de minar directa y hondamente la disciplina; decir que esto que nosotros llamamos disciplina, no es más que la violencia y la iniquidad puestas al servicio de los que mandan el Ejército para oprimir á los ciudadanos que militan en él como soldados; y esto no hay ningún Gobierno liberal, demócrata, ni radical, ni Monarquía ni República que puedan tolerarlo, porque esta es una amenaza al orden social, incompatible con la existencia de una sociedad organizada.»

El antimilitarismo ha sido condenado por los mismos

socialistas. En el Congreso de Stutgard había dicho Bebel: «Si triunfase la agitación antimilitarista de Francia, comprometería la paz europea, porque los círculos militares alemanes la siguen con un gran interés, y el ejército francés desorganizado, atraería al enemigo como una fuerza magnética.»

CAPÍTULO XII

CANALEJAS Y LA ECONOMÍA Y LA HACIENDA NACIONALES.—EL IMPUESTO DE CONSUMOS

La importancia de los problemas de la economía nacional y de la Hacienda pública, preocupó hondamente á aquel esclarecido espíritu. No es esta ocasión de discurrir sobre las causas del actual estado económico de España, inquiriendo los fenómenos sociales que condujeron á nuestra patria á una situación de atraso y de pobreza, de la que todavía no ha conseguido salir por completo. Para hacer este estudio habría que remontarse á los siglos en que bajo una apariencia de poder latían, no obstante, los gérmenes de la decadencia. El atraso económico de España fué, como su atraso político, el producto de una serie de hechos y de circunstancias, obra de los Gobiernos y de la raza, pero especialmente culpa de las clases superiores, de la fatal dirección de nuestra política.

Canalejas, desde el Ministerio de Fomento en 1888, se mostró partidario de una orientación realista, que transformase hondamente la producción española. El principal defecto de nuestros políticos era examinar estas cuestiones, de un modo especulativo y abstracto.

«Echemos—decía Canalejas en su conferencia del año 1895 en el Círculo de la Unión Industrial de Madrid—una ojeada sobre la constitución económica de

España; examinemos con sencillez y con espíritu de imparcialidad lo que es esta nación española. ¿Somos agrícolas, somos industriales, somos comerciantes? ¿En qué proporción, en qué grado, de qué modo? Así como este factor del espacio limita nuestra voluntad, cohibe nuestros deseos, templa nuestras pasiones, modula nuestra actividad, el tiempo, que es un signo de la vida, que es una ley de continuidad solidaria, si no queréis decir de progreso; el tiempo establece entre períodos más ó menos largos, entre épocas más ó menos separadas, diferencias radicales; así es que no se puede estudiar la realidad presente de la nación española mirando sólo á este espacio, pequeño ciertamente para los alientos de nuestra raza, grande, por desgracia, para los medios de nuestro cultivo y de nuestro trabajo; sino que hay á la par que, considerando el espacio, atender al tiempo, y ver cómo se produce hoy la riqueza, y cómo se engendran y se desarrollan las aplicaciones todas de la actividad humana en otros pueblos; no en los próximos, de los que nos separan cordilleras más ó menos perceptibles y tortuosas ó elevadas, sino en aquellos remotos de los que nos alejan los mares, de los que nos separan continentes intermedios; porque la ley de nuestro tiempo es que, luchando todos por afirmarse cada uno y predominar sobre los demás, sin embargo, no podemos luchar con los vecinos; luchamos con el mundo entero; cada día es más práctico el concepto de un mercado universal. La difusión de los medios de transportes, la facilidad de los fletes, las condiciones todas de que dota esta civilización, los progresos de la ciencia y de sus aplicaciones á la industria y la locomoción, han venido á engendrar la noción del mercado universal; mercado universal, pensadlo, señores, idea bien distinta de aquel emblema de la fraternidad humana; mercado universal en el que todo es lucha, competencia, discordia, rivalidad y empeño por conseguir y acrecer la riqueza propia á costa de la riqueza y del trabajo de los demás.

Mirando así la situación presente de España, no hay, en sentir mío, error más profundo (sin embargo, gana inteligencias muy altas, domina pensamientos muy generosos, y rige y domeña alientos soberanos) que el de suponer que nosotros somos una nación agricultora que ha de producir primeras materias; y una nación en que la riqueza extractiva de su subsuelo ha de constituir el empeño más fecundo y más útil de nuestra labor.

La crisis del vino, la de los cereales, la crisis agrícola, en suma, objeto de preocupación para todos los espíritus solícitos del bien patrio, esa crisis agrícola tiene su principal raíz y su alimento, se desarrolla, se extiende y nos acongoja, porque nuestra agricultura extrae de la tierra, con abonos tenues, con trabajos fáciles, con cultivos extensos, primeras materias, y no productos alimenticios laborados; y como hay allá lejos, muy lejos, separadas por centenares de leguas ó por millares de millas, zonas vírgenes en las que la primitiva, la pasmosísima fecundidad de tierras, nunca sacudidas por el arado, nunca sujetas á la tortura del trabajo, le brindan una generación tan espontánea y una fecundidad tan activa, España, vieja y gastada, empobrecida y esquilmada por la falta de elementos asimilables para nutrir la tierra, por el exceso de trabajo que ha hecho gemir sobre ella tanto hierro y tanto esfuerzo humano, España, para producir y arrancar de la Naturaleza materias primas, no puede competir con aquellas tierras. ¿Cuál es, por tanto, la noción más elemental del interés y de la conveniencia de la agricultura española, sino dirigir la actividad nacional á la transformación de aquellas primeras materias en productos alimenticios, á los que el trabajo, la cultura, los progresos agronómicos, el desarrollo y las aplicaciones de la industria secundaria á la industria primaria de la tierra, han de transformar en algo asequible al gusto?

....

Hicimos, pues, siendo viejos y con una naturaleza gastada, lo que hubiéramos hecho jóvenes y con una naturaleza vigorosa. Y considerad que ocurre con la tierra exactamente lo mismo que con el esfuerzo humano. Si un anciano, lleno de madurez, de reflexión, de doctrina, de ciencia, pero algo caduco, con fuerzas deprimidas, con recursos materiales agotados, quisiera luchar en actividad constante, en portentos de marcha, en alardes de fuerza, con un joven, muy joven, muy enérgico, muy brioso, seguramente sería por él vencido. Aquél domina á éste, le subyuga mediante la aplicación á su actividad modesta, y á sus recursos y á sus energías gastadas, de aquella inteligencia, de aquella cultura, de aquel saber, del fruto de todo lo que trabajó y aprendió, de la experimentación, en suma, de la vida. Y así, los viejos rigen á los jóvenes, y los que somos entre jóvenes y viejos, marcamos la línea divisoria de los que mandan y de los que obedecen. Pues otro tanto ocurre respecto de las tierras; que, al fin y al cabo, estas leyes primarias lo mismo se imponen al barro de la naturaleza humana, que al barro de la tierra en que se germina el fruto para ostentarse después espléndidamente.

....

Así es, señores, que viniendo á sintentizar en lo posible mi pensamiento, estimo que hay que asociar estas dos manifestaciones, el trabajo que extrae de la tierra, por sus elementos someros y superficiales, con la industria, que los moldea y transforma. Yo creo que España no puede ser sólo un país agricultor ni un país minero. Yo creo que, sin sus minas y sin su agricultura, que le produzca las primeras materias para sus industrias manufactureras y agrícolas, España, tributaria de los países que le trajesen esos elementos, no podría desarrollar su riqueza; pero habiéndola brindado Dios con este genio, con esta habilidad y con esta actividad de nuestros hombres de trabajo, esas otras condiciones naturales, ¿por qué no aprovecharlas?»

En 1903, Canalejas hablaba de la necesidad de despertar las energías nacionales, de fomentar obras públicas, de transformar métodos de cultivo, de ir, en suma, preparando una España regenerada económicamente.

Después del desastre, se produjo en España un poderoso movimiento que reclamaba de los Poderes públicos antes que otra cosa, nuestra reorganización económica. La Asamblea de las Cámaras de Comercio en 1898 y la Liga Nacional de productores en 1899, votaron un vasto programa del cual Canalejas recogió el sentido de algunas reformas. Por eso anunciaba en el Mensaje de la Corona, acudir al resurgimiento de las obras públicas, hidráulicas, forestales y agrícolas, y se fijaba en la necesidad de dar expansión al comercio. «El comercio—había dicho en la conferencia á que antes nos hemos referido—necesita toda la protección de los poderes públicos.» La creación de la Dirección de

Comercio, supuso un paso de gran importancia en este camino.

«Poder, cultura y riqueza—afirmaba Canalejas—deben ser los grandes objetivos de la reforma económica en España.»

Canalejas quería, al mismo tiempo que se asentaba la economía nacional sobre bases sólidas, implantar un nuevo régimen tributario.

«La iniciación del nuevo régimen tributario—consignaba el Mensaje de la Corona de 1910—que se entregará á vuestra deliberación, atenderá, desde el primer momento, á la dotación de todas las necesidades ordinarias de los Presupuestos y á los resultados económicos de los gastos extraordinarios, cuya ejecución asegurará plenamente. Inspiraráse la reforma en el principio de la justa distribución de las cargas públicas, armonizado con la capacidad económica de los contribuyentes. En tal sentido se os propondrá la transformación de los gravámenes sobre las sucesiones hereditarias y la modificación esencial de las bases mismas en que descansa la tributación personal, iniciando moderadamente, pero con resolución, la implantación del impuesto progresivo, y suprimiendo exenciones establecidas en provecho de personas jurídicas, incompatibles con el principio de la generalidad del impuesto. Simultáneamente conoceréis de otra reforma: la del impuesto de Consumos. Deséala con vehemencia el país, y en plazo breve alcanzará satisfacción.»

El estado de nuestra Hacienda nunca había sido por completo satisfactorio, á pesar de los esfuerzos realizados por hábiles Ministros, como Salaverría y Camacho.

Cuando la restauración doceañista de 1837, el déficit

del presupuesto de Mendizábal representaba 740 millones de reales. La reacción moderada no mejoró este estado, sino que persistió el déficit, y por la situación financiera desastrosa, pudo Bravo Murillo sustituir á Narváez. A partir de 1850, el término medio anual del déficit, se calculaba en 80 millones. Ni la Revolución de Septiembre ni la República pudieron mejorar este estado de cosas, teniendo que luchar á un tiempo mismo con dos guerras civiles, una en Cuba y otra en el seno de la metrópoli. De 1882 á 1897 el total de los descubiertos del Tesoro llega á 948 millones, con una tendencia, sin embargo, á la disminución. Pero en 1898 la guerra de Cuba cuesta á España cerca de 3.000 millones, y Villaverde tiene que realizar la penosa liquidación del pasado.

Pero Villaverde, recto y bien intencionado, no inició un período de verdadera regeneración financiera. Melquiades Alvarez lo decía elocuentemente hace pocos días en el banquete del Palace, La política de economías del Gobierno conservador de Silvela, se inspiró sí en dictados de prudencia, mantenidos por sus sucesores, y que coincidiendo con un despertar vigoroso de las energías nacionales, mejoraron de 1900 á 1906 la situación de la Hacienda nacional.

González Besada hacía el proceso de la política económica del partido liberal, afirmando en Marzo de 1912 que la situación era bastante peor que en 1899. «Es grave nuestra situación—añadía—, porque el país está sin sensación del estado ruinoso de la Hacienda pública; y esta falta de sensación no permite que reaccione en el sentido de poder prestarse á mayores sacrificios; es la situación grave, porque no hay posibilidad de nuevos reaccionamientos de la vida industrial por la vida lánguida del Erario público y de la agricultura, y porque la industria está casi muerta y exangüe.»

Aparte de la exageración de esta pintura, de los tonos sombríos de este cuadro, no transunto fiel de la realidad, el partido liberal había recogido una herencia costosa, superior quizá á las fuerzas contributivas de la nación.

En 1907 los conservadores habían presentado, movidos por una consideración patriótica, la ley de Escuadra; y si bien Maura afirmaba en el Congreso en Noviembre de ese año, que la reforma tenía como límite infranqueable salvaguardar á todo precio la situación ya normal y firme de la Hacienda, era indudable que suponía un desembolso de importancia. Al mismo tiempo se creaban otras obligaciones, y el presupuesto de 1909 suponía, con relación al de 1908, un aumento en los gastos de 19,2 millones de pesetas, la campaña de Melilla costaba 66 millones, y el importe total de los aumentos alcanzaba la respetable suma de 80 millones.

Comparando el presupuesto de 1909 con el de 1911, resulta un aumento de más de 20 millones; pero hay que tener en cuenta no sólo el desarrollo de leyes votadas por los conservadores, como la propia ley de Escuadra, sino el deber para un Gobierno liberal de introducir mejoras en determinados servicios, el de la enseñanza por ejemplo, y la ley de Caminos vecinales, gastos éstos reproductivos y ventajosos para el país. «Aumentar el sueldo á los maestros constituye para nosotros un compromiso de honor», había dicho Canalejas en Diciembre de 1900.

González Besada sostenía en ese discurso de Marzo, á que nos hemos referido, que el problema de la Hacienda española era, sobre todo, un problema de administración. Los liberales administraron con todo celo los presupuestos de 1909 y 1911. En 1909, los ingresos realizados por recaudación importaron 1.065 millones. Los liberales, con el presupuesto de ese año, recaudaron 1.126, es decir, 61 millones más. En 1911, lo recaudado fué 1.163 millones, 88 más que en 1908.

La mayor recaudación desde 1906, fué la de 1911. En 1906 se recaudaron 1.097 millones; en 1907, 1.079; en 1908, 1.072, y en 1909, 1.065. La cifra de la contribución territorial aumentó, á pesar de haberse rebajado al 7'50 por 100 la décima adicional que venía establecida sobre la riqueza urbana, y de haberse satisfecho en 1911 á los Ayuntamientos de Murcia, Castellón y Madrid, el 20 por 100 de las cuotas del Tesoro, sobre la misma riqueza, por consecuencia de la ley de sustitución del impuesto de Consumos; la recaudación de la contribución industrial y del impuesto de utilidades se elevó asimismo en más de 16 millones de pesetas, y el impuesto de derechos reales en 6.607.748, sin que hubiese producido aún todos sus efectos la reforma introducida por la ley de 29 de Diciembre de 1910, principalmente en su artículo 4.º, que creó un impuesto de 0'25 por 100 anual sobre el valor de todos los bienes no transmisibles por sucesión hereditaria de las Asociaciones, Corporaciones y demás entidades de carácter permanente.

La campaña de Marruecos, ha aumentado, en primer término, las cifras del presupuesto. En 1909, nuestro Ejército activo se componía de 80.000 hombres, con un presupuesto de 158 millones, y en 1912 era de 115.000, aumentados por necesidades temporales, con un presupuesto inicial de 190 millones, que pasó de 230 en 1911.

Pero dentro de esos gastos de la guerra, sumando las cifras invertidas en los años 1909, 1910 y 1911, la mayor parte corresponde á la época conservadora.

   1909.... 66.304.517.
   1910.... 57.178.971.
   1911.... 40.279.580.

El presidente de la Comisión de presupuestos, señor Suárez Inclán, decía en Mayo de 1911, que el desnivel del presupuesto se debía á gastos de carácter transitorio, no á los permanentes, á los cuales se podía atender sobradamente con los ingresos ordinarios. Al entrar en el Gobierno el Sr. Navarro Reverter, insistía en considerar como pasajero el mal de que adolecía nuestra Hacienda, y Canalejas, en las declaraciones recogidas en el libro *La política liberal*, afirmaba:

«A los declamadores que, sin respeto á la verdad ni á supremos intereses nacionales, han escrito y hablado de *ruina*, de *bancarrota*, debe oponerse el sintético examen de hechos que acreditan la firmeza, la solidez del crédito de España, aun en días en que la incertidumbre de la intervención en Marruecos, las grandes huelgas de Bilbao y de Asturias pudieron justificar la desconfianza, acaso el desaliento.

El consolidado inglés al 2 $\frac{1}{2}$ por 100, que al comenzar el año 1906 se cotizaba á 89,50, se cotizó á fines de Julio del presente año á 73 $\frac{5}{8}$; la renta francesa al 3 por 100 perdió en los últimos años cerca de 7; la renta alemana al 3 por 100, más de 8; la renta austriaca, 3; la holandesa 12 $\frac{1}{2}$; la de Dinamarca, 15. Y si parece la comparación entre 1906 y 1912 menos demostrativa de lo que pretendemos, porque hemos aludido á la renta de España en los tres últimos ejercicios, recordemos que desde fin de Junio de 1911 á fin de Junio de 1912 perdieron: el consolidado inglés, 5 $^1/_2$; el 3 por 100 francés, cerca de 3; el 3 $^1/_2$ alemán, más de 3; 3 próximamente la renta austriaca; 4, la holandesa, y 8, la de Dinamarca. Esta baja en las cotizaciones determinó otra equivalente en los Bancos, que varía entre 6 y 25 francos. Cuando el crédito de naciones poderosas acusa este fenómeno, ¿cómo desconocer que si los augures de la catástrofe y los profesionales del pesimismo tuvieran razón, los fondos públicos de España hubiesen descendido en proporciones desconsoladoras?

Miremos á una gran nación, hermana de raza, cuyo desenvolvimiento cultural y económico despierta nuestras emulaciones: Italia. A consecuencia de sus últimas expediciones victoriosas, vió cotizados sus títulos de Deuda con una depreciación lamentable: el 3 por 100 bajó de 104 á menos de 94, y en proporción análoga ó superior descendieron las cotizaciones del 5 por 100 Pontificio y los valores urbanos.

En España hemos luchado con las alarmas de la guerra de Melilla, de la revolución de Portugal, de las huelgas, y, además, con el influjo que la elevación del interés y el decaimiento de los fondos de Estado de las grandes Potencias determinaban necesariamente, inevitablemente, en nuestra Bolsa.

Los que imparcialmente lean estas observaciones, no podrán menos de reconocer que, haciendo justicia al sentimiento patriótico, que supo resistir en las Bolsas españolas los manejos del agio y los embates de la pasión política, algo, tan poco como se quiera, pero algo ha de abonarse en cuenta á los gobernantes españoles. Revelan confianza en las cotizaciones de nuestra Deuda pública y la progresiva baja del premio del oro en el cambio internacional.

Cuando se habla tanto del aumento de gastos debido á circunstancias extraordinarias, se omite consignar el hecho de que la recaudación aumentó en dos años, por la acción perseverante é inteligente de los ministros Cobián y Rodrigáñez, aumento constante que implica un progreso enorme, base segura de otros mayores y alentador para el porvenir.»

Canalejas no podía olvidar su significación democrática. Por eso los presupuestos de Cobián tenían un sentido y una orientación progresiva, inspirada en las siguientes palabras, de dicho ex Ministro de Hacienda, en 2 de Julio de 1910:

«Es innegable que nuestro sistema fiscal no puede procurar la igualdad del impuesto, la igualdad del sacrificio; ¿quién duda, Sres. Diputados, que el que tiene 20.000 pesetas y da el 3 ó 4 por 100 hace un mayor sacrificio, un más considerable esfuerzo que el que tiene 2 millones de pesetas y da ese mismo 3 ó 4 por 100?

Nuestro sistema tributario grava más á las fortunas modestas y á los pequeños propietarios que á las fortunas cuantiosas y á los grandes propietarios.

De la investigación ya hecha durante año y medio por la Comisión consultiva para la transformación del impuesto de Consumos, aparecen datos curiosísimos recogidos de presupuestos familiares de distintas clases sociales; resulta que las rentas inferiores á 1.250 pesetas están gravadas por Consumos, sólo por cuota del Tesoro, y aparte los recargos municipales, con más de un

5 por 100, mientras que las rentas de 30.000 pesetas no pagan sino el 0'35 por 100.

En cuanto á la riqueza territorial, es notorio que las mayores ocultaciones son, no sólo absoluta, sino relativamente las de los grandes propietarios.

Los valores mobiliarios no están en España democratizados como lo están en otros países, puesto que, en general, los poseen las clases acomodadas, y en su casi totalidad se sustraen al impuesto que grava las sucesiones. La progresión en el nuevo tributo de conjunto, que gravará las herencias cuyo importe líquido exceda de 5.000 pesetas, que se propone en el proyecto, compensará, en parte, la desigualdad que hoy existe entre la herencia inmobiliaria de los menos acomodados, que no puede escapar al tributo, y la herencia mobiliaria de los más ricos, que se sustraen poco menos que totalmente.

En general descansa nuestro sistema tributario en las contribuciones directas, y el carácter de ellas es el de imposición sobre los productos, á saber: productos de la agricultura, de la ganadería, de la propiedad urbana, de los capitales mobiliarios y de las industrias y profesiones. Esta tributación, que mira al producto y no al poseedor, es, por su naturaleza, proporcional y no progresiva; de donde resulta que la desigualdad de sacrificio en la cual estriba la del tributo, causada por las contribuciones indirectas, perdura en España en las directas, las cuales, de idéntico modo que aquéllas, son carga más dura para el contribuyente más pobre.

Nosotros, en puridad, tenemos mayores motivos que Inglaterra para establecer el impuesto progresivo sobre el conjunto de los bienes relictos.»

Otro Ministro de Hacienda de la situación liberal, Rodrigáñez, de acuerdo con Canalejas, había afirmado que la política democrática debía realizar hondas reformas tributarias. Nuestro sistema impositivo, recompuesto, arreglado y remendado cien veces desde 1845, es un artefacto viejo é incapaz de servir á los ideales modernos.

Canalejas pensaba que cuando nuestra administración se reforzase lo bastante, sería precisa una reforma radical del sistema, que estableciera seriamente la imposición personal, y que trajera una diferenciación del gravamen de las rentas por su origen y significación.

Nuestro régimen económico significaba el reinado de la iniquidad, y los presupuestos eran una obra artificiosa, instrumento de subvención para el capital, ó lista civil de la clase media, pero no órgano de progreso y de mejoramiento social.

Por eso en 1911 Canalejas exclamaba en el Senado:

«Yo tengo que considerar que la democracia, la última expresión de la democracia moderna asiste á un renacimiento de la antigua caridad cristiana en forma jurídica; á la sopa conventual, á la protección del peculio de la Iglesia, sustituyen en las naciones modernas estas grandes expresiones: el desenvolvimiento del presupuesto. Antes era la escarcela del fraile, ahora es la gran bolsa del contribuyente; antes era la beneficencia en su concepto piadoso, ahora es la beneficencia en su concepto jurídico.

Ha visto el elemento popular español cómo al amparo de los Reyes, uno glorioso ya muerto, y otro no menos glorioso que acaba de ascender al Trono en Inglaterra, ha sido posible realizar la más grande revolución tributaria que desde el primer siglo de Roma hasta el día se ha realizado; ha visto que Francia actúa con una potencia inmensa sobre su presupuesto para convertirlo fundamentalmente en presupuesto protector de la desvalidez y del proletariado. Aquí, Empresas trasatlánticas, Comunicaciones marítimas, construcción de escuadra por Sociedades monopolizadoras; aquí nada más que todo esto se ha traído al desarrollo del presupuesto en los años últimos, y yo no respondo de la serenidad de un pueblo que se ve tratado con tanta injusticia; yo respondo de la actuación enérgica del Poder público, yo respondo de la fuerza, pero el gobernante no tiene que responder de que acallará con la fuerza las protestas, sino de que las acallará con la razón.»

La supresión del impuesto de Consumos es sin duda la justificación mayor de los propósitos radicales é innovadores del malogrado estadista.

Ya Mendizábal, en su Memoria á las Cortes de 1837, había solicitado la desaparición de los derechos de puertas. Orovio había proclamado la falta de equidad del impuesto; y si el pueblo contribuyó á los movimientos revolucionarios de 1854 y 1868, fué porque se inscribió en la bandera de la revolución, el término de esa irritante injusticia económica.

Triunfa la revolución del 54, y las Juntas revolucionarias suprimen violentamente el impuesto; cae en 1868 el trono de doña Isabel II, y Castelar, al ver que siguen las quintas y que continúa la contribución más odiosa y execrada por el pueblo, exclama:

«La ínsula Barataria que el pueblo busca en la revolución de Septiembre, es la abolición de las quintas y la abolición de los Consumos, y si sostenéis las quintas y sostenéis los Consumos, habéis ahogado en el abismo de la reacción la pobre ínsula Barataria del pobre pueblo, y os preguntará: ¿por qué me he sacrificado yo?»

Frère Orban, el gran político liberal belga, decía «que ese impuesto ha tenido la maldición de todos los siglos».

La mentalidad humana se acostumbra á las cosas que ve desde niño el hombre, y, á pesar de ello, esto que encontramos al nacer nos es aún más odioso cuando envejecemos.

Adan Smith creía que la ausencia de trabas en la circulación interior, había engrandecido á Inglaterra.

En Berlín y en casi toda Alemania se suprimieron los Consumos; en Dinamarca se abolieron hace años; en Holanda el Estado da un tanto por ciento de la contribución á los Ayuntamientos, y cuando se quisieron establecer en Turquía, en 1864, se indignó tanto la opinión, que la Comisión nombrada para entender sobre el asunto, los rechazó por unanimidad.

Desde 1905 el partido liberal español había adquirido el compromiso solemne de llegar á la supresión del impuesto. Siendo Moret Presidente del Consejo, se nombró una Comisión extraparlamentaria, presidida por el Sr. Navarro Reverter, y se presentó á las Cortes un proyecto de ley que daba á la promesa estado parlamentario.

«Nadie puede negar—decía Moret en un documento que lleva su firma—la conveniencia de suprimir una contribución tan odiosa y tan inmoral.»

Canalejas había profesado constantemente en sus discursos, la doctrina de que debía eximirse de todo tributo lo indispensable para la vida de las clases proletarias. No se trataba de la supresión total de los Consumos, sino de aquella forma especial de los fielatos y de los artículos de primera necesidad. Se toleraba el impuesto únicamente por la fuerza de la rutina y de la tradición, por la inercia nacional; pero los gobernantes debían afrontar los riesgos de la reforma, siguiendo las inspiraciones de la conciencia colectiva.

El proyecto Cobián de Exacciones locales, había sido el primer paso en ese camino; mas no robusteciendo el concurso que el Estado aportaba al acervo municipal, podía malograrse el pensamiento, pues en aquel proyecto estaban los gérmenes, pero no todos los elementos necesarios para la supresión.

No hay que recordar las dificultades con que luchó Canalejas hasta que vió aprobado el proyecto Rodrigáñez, y sólo su energía y su resolución lograron imponerse.

«He dicho—exclamaba el 27 de Mayo de 1911—que este proyecto es consustancial con mi existencia al frente del Gobierno, y digo más, que acaso es consustancial con mi continuación en la vida pública, porque si después de haber suscitado tantas esperanzas me rindo, ó soy hombre que con ligereza inexcusable ó con falacia punible se ha entregado á los desbordes de la imposición personal frente á amigos y adversarios, y no tengo derecho á intervenir en la vida pública, ó soy un hombre que, sintiendo la responsabilidad que se contrae en la ejecución de este proyecto, lanzo la tea embreada y marcho tranquilo á descansar plácidamente, escudándome luego con que los que ejecuten el proyecto no lo han sabido ejecutar».

Pero la ley de supresión del impuesto de Consumos, no era todo; no era sino parte de una compleja política que no podía desenvolverse en meses, encaminada á obtener el mejoramiento de las condiciones de vida del proletariado, y á sentar sobre nuevas bases nuestro régimen tributario.

CAPÍTULO XIII

CANALEJAS Y LA CUESTIÓN CATALANA.—LAS MANCOMUNIDADES.—LA VIDA LOCAL.

El ilustre profesor de la Universidad de París, Ch. Seignobos, en un libro publicado este año, con el título de *Les aspirations autonomistes en Europe*, presenta cuatro grupos de pueblos en los que se agita este problema. El primer grupo lo forman cuatro naciones del imperio ruso, sometidas al Zar como Soberano, pero que guardan sus costumbres; Polonia, Lithuania, Finlandia y Ukrania; el segundo es el resultado de las anexiones operadas por Prusia, tanto en la porción danesa del Slswig, como en Francia, después de la guerra del 70; el tercero comprende una serie de pequeñas naciones, organizadas en Estados independientes, pero incompletos; Rumanía, que no tiene dentro de los límites de su territorio los rumanos de la Transilvania, de la Bukovina y de la Besarabia; Bulgaria, privada aun después de la última guerra de los búlgaros de la Macedonia; la nación serbio-croata, cortada en dos por la religión y en cinco por la política, pues aparte de los dos Estados serbios (Serbia y Montenegro), tiene parte de sus nacionales en el imperio austriaco, en el otomano y el reino de Hungría; Grecia, á quien se discute la posesión de las islas del mar Egeo, la nación tcheque y la albanesa; y por último, el cuarto grupo comprende la nación irlandesa, que pide la misma condición que las colonias británicas y Cataluña, irritada de la incapacidad de los Gobiernos.

Si es cierto que el origen del movimiento regionalista está, en parte, en esa idea del mal gobierno, de la incapacidad de los poderes centrales; se equivoca Seignobos cuando añade que hay una aristocracia castellana enemiga de Barcelona, como existe una aristocracia magyar hostil á eslavos y rumanos, y una aristocracia inglesa enemiga tradicional é histórica del *home-rule*.

Hay una diferencia esencial entre el problema irlandés y el catalán. Erskine Childers, dice en *The frame work of Home rule,* que el régimen á que ha estado siempre sometida Irlanda, ha sido el de la fuerza. Irlanda ha sido para Inglaterra una especie de colonia del tipo de la Jamaica y Malta. Cobden, afirmaba de O'Connell y de los diputados irlandeses, que le inspiraban una perfecta repulsión. Al propio tiempo, el irlandés, despojado de sus tierras por el conquistador, quedó convertido en un siervo del vencedor inglés, del *landlord* unionista, cuyo sueño se ha dicho que es, que el celta sea tan raro al borde del Siffey, como el piel roja sobre las riberas del Hudson.

De ahí esa rivalidad histórica de la aristocracia inglesa y del ciudadano irlandés. Pero en España, en ese mismo libro *Les aspirations autonomistes en Europe,* Marvaud, al estudiar el movimiento catalán, declara que la culpa del divorcio entre los ideales de Cataluña y el resto de España, fué, en parte, de la misma Cataluña, desinteresada, como reconoce Cambó, de los problemas de política general y absorbida por sus negocios y los asuntos locales.

Unamuno decía que, efectivamente, Cataluña era la tributaria política de Castilla; pero si había consentido en esta situación de dependencia, fué á cambio de que Castilla aceptara ser la tributaria económica de Cataluña.

En ese mismo trabajo á que nos hemos referido, añade Marvaud que el catalanismo no es más que una manifestación, la más importante, sin duda, del regionalismo español.

¿Cómo entendió Canalejas el problema catalán?

Canalejas, doctrinalmente no era regionalista, pero reconocía la existencia de una diversa psicología colectiva.

«No puede negarse—escribía en 1904—la diversa psicología colectiva, la contradictoria organización económica y el heterogéneo ideal de las *regiones* que á su vez se hallan trabajadas por interiores fermentos de contradicciones, rivalidades y envidias. La etnología, la filología, el derecho consuetudinario, la geografía económica, los hábitos, proverbios y expresiones estéticas de las masas recogidas por el *Folk-Lore*, constituyen elementos indispensables para orientar la dirección política de los Estados, en términos que, sin destruir ni atenuar ninguna fuerza, ninguna energía digna de respeto, pues todas son indispensables á la vitalidad nacional, como ha proclamado en magistrales discursos un ex Presidente de esta Academia, Silvela, se extingan gérmenes de desintegración nacional que tantas desventuras, torpezas y desidias del Poder central abonan en nuestra patria.

Cuando comparo el caudal de doctrina é información atesorado por la Ciencia y la Política en otras naciones acerca de este grave problema de cohesión nacional, me desconsuela el lamentable abandono en que hemos incurrido, limitándonos á consideraciones banales, tópicos hueros, epifonemas retumbantes, de que justamente se mofan los fomentadores de desvíos y malquerencias regionales. Omitiendo indicaciones bibliográficas acerca de los Estados Unidos, Alemania y Suiza, que por sabidas y múltiples causas ofrecen un campo tan extenso como intensamente cultivado, sin hablar de Irlanda y la Gran Bretaña, ni de Hungría y Austria, otra nación similar á la nuestra, Italia, ofrécenos el ejemplo de cómo, si no se dominan, se estudian, al menos, resistencias suscitadas á la permanente unificación nacional por el dualismo que la naturaleza, la historia y más tarde la agricultura, la industria, el comercio y hasta las relaciones de la propiedad y el trabajo engendraron entre las provincias del Septentrión y las del Mediodía.»

El Gobierno italiano dedicó á la cuestión de Sicilia un examen profundo. Políticos y sociólogos se consagraron á inquirir las causas de la diferencias señaladas. Nitti, en su libro *Il partito radicale*, indica como el primer mérito de Sonnino, su conocimiento real y exacto del problema meridional.

Los políticos y los gobernantes no pueden desentenderse de la resolución de problemas que la realidad impone con apremio. El problema catalán que en 1885 aparece en nuestra vida política, con el memorial de los supuestos agravios inferidos á Cataluña por el Poder central, memorial presentado á D. Alfonso XII, es durante bastante tiempo un movimiento sin importancia ni cohesión. Pero el desastre colonial de 1898, hizo surgir por todas partes la protesta y el disgusto. El pueblo adquirió la noción exacta y precisa de que le había llevado al desastre, una política equivocada y funesta. Costa en su obra admirable *Oligarquía y caciquismo*, habla del espíritu secesionista de algunas comarcas, consecuencia de un caciquismo explotador. Cataluña, que iba á experimentar en su economía los daños de la pérdida de las colonias, tenía por su misma psicología colectiva que sentir más vivamente la derrota, y con ella el despertar de sentimientos regionales.

Silvela pactó con aquella corriente poderosa de opinión, fué ministro Durán y Bas, y á partir de entonces el regionalismo adquirió nueva fuerza, hasta el extremo de que Moret, que había combatido rudamente desde la cátedra del Ateneo la tendencia personificada en la *Lliga*, decía el 12 de Marzo de 1904:

«Cuestión es (la regionalista) que da ya como un hecho la vida municipal existente en las Provincias Vascongadas, que se presenta como una aspiración vigorosa en Cataluña, y que empieza á alborear en el archipiélago balear y canario, aspiración que tiene por base el deseo de vivir, la necesidad de atender á la satisfacción de las propias aspiraciones. Ese es el conato de vida individual más legítimo, aquel que más tenemos la obligación de respetar, y que está pugnando por abrirse paso entre los defectos y las deficiencias de la realidad, *amenazando con que si nosotros no lo hacemos, se tomará por sí solo los caminos y los medios que conduzcan á la realización de este fin.*»

La acción de los regionalistas primero, de la Solidaridad después, habían dejado los partidos históricos catalanes, reducidos á lastimoso estado. Los jefes conservadores, Silvela y Maura, quisieron ganar para la derecha las fuerzas que integraba la aspiración catalanista. Contra ese propósito levantaba su voz Canalejas, en el mitin de Murcia.

«El problema regional—exclamaba—sólo puede resolverse dentro de la democracia.»

Las instituciones democráticas, los partidos liberales, son los que en Europa resuelven las crisis interiores de la nacionalidad. Por eso los radicales italianos disiparon la antítesis, al parecer inconciliable entre el Norte y el Sur; son los liberales ingleses los que proclamaron con Asquith la necesidad del *home-rule*, como lazo entre Inglaterra é Irlanda, y son los liberales belgas los que pueden atenuar con su programa la honda diferencia, diferencia moral y política entre la Flandes clerical y la Walonia progresiva...

Nadie había sido más centralista en España que el partido conservador. De Cánovas era aquella frase, que la centralización representaba en nosotros ni más ni menos que la civilización, ni más ni menos que la libertad. El partido conservador había destruido en 1877, con la nueva ley Municipal, todo el sentido descentralizador, la independencia administrativa de Municipios y provincias, el consorcio de éstas para sus fines privativos, que era la obra de la revolución de Septiembre.

Y si Maura en su proyecto de ley de Administración atendía á las necesidades de la vida local, era á cambio de establecer determinadas reformas que pugnaban con el sentido democrático de la mayoría del país.

Por eso, cuando Canalejas abordó en el Poder la cuestión de las Mancomunidades, decía el diputado catalán Carner, desde las columnas de *El Poble Català*, que Maura había querido imponer la modificación reaccionaria del voto corporativo y del colegio único, valiéndose de un proyecto general de reforma municipal y provincial.

Canalejas había aceptado muchas de las orientaciones del proyecto del Sr. Maura, pero reprochaba á éste el no haber abordado el problema de la Hacienda local, y, sobre todo, el pretender favorecer al caciquismo y al clericalismo con máscara corporativa, negando principios de la Constitución democrática.

En el discurso sobre la totalidad, del 13 de Noviembre de 1907, Canalejas recriminó á los catalanistas que hablasen de nación; pero les dijo, en cambio, que merecían simpatía al referirse á las regiones, á una cooperación al desarrollo de la vida general del Estado, á delegaciones bien plausibles, y afirmó, en fin, que á él no le preocupaba sustitúyese una organización de Consejos regionales, aunando las actividades colectivas á la organización de la provincia anacrónica, desacreditada y absurda.

Si Canalejas aceptó el principio de las Mancomunidades, en la sesión del 13 de Febrero, de 1909 decía Moret:

«Las Mancomunidades, á mi juicio, tienen una esfera muy amplia, y hay regiones en España, donde si yo gobernase, propondría se constituyese una mancomunidad para hacer una porción de cosas. Parece que hemos agotado la materia. Lleguemos á soluciones en que tengamos confianza, y hemos concluído. Esta cuestión que parecía de lejos tan amenazadora, se convierte en cuestión sencilla, y quizá vaya mucho más aprisa de lo que todos pensábamos.»

Moret, como Canalejas, temían solamente que la delegación de servicios, por propia iniciativa del Gobierno, desmembrase la soberanía del Estado; pero después de la aceptación de la facultad parlamentaria de autorizar ó de negar las delegaciones, Moret manifestó que ya nadie que usase libremente de su razón podría abrigar dudas, recelos, ni vacilaciones.

¿Cuál era la situación de Cataluña al subir al Poder el partido liberal?

El diputado regionalista Sr. Ventosa señalaba, aparte de otros factores, uno de indudable importancia, un estado de desequilibrio que se expresaba en forma de oposición violenta contra el Estado, y que se manifestó en los sucesos de Julio. Las mismas clases medias, las que debieran ser base para la acción gubernamental en Cataluña, se sentían muchas veces impulsadas por alientos de revuelta, y en ellas tenía también asiento ese espíritu de protesta general de Cataluña. Pero los sucesos de Julio enseñaron dos cosas; que esas clases medias no podían desertar de su puesto, sino para ser víctimas de la anarquía, y que los Gobiernos tenían el deber de ganar por la confianza á todos los elementos de orden catalanes, sustrayéndolos á la protesta, para que defendiesen los grandes principios sobre los que se asienta la vida del Estado.

Canalejas aplicó desde el primer momento toda su atención, al problema catalán. La tranquilidad material había renacido. Barcelona iba restañando poco á poco sus heridas, los elementos revolucionarios estaban desorganizados y dispersos; un gobernador prudente y enérgico había sabido ganar para los prestigios del Poder central las simpatías de todas las clases sociales, y el sentido regional no aparecía ya como una reivindicación exclusivista de carácter político; se habían apagado los odios y las estridencias, y quedaba sólo la serena aspiración de un régimen administrativo más amplio y fecundo. La prueba de esa paz es, diga lo que quiera algún escritor, cómo han ido descendiendo en Cataluña hasta casi desaparecer los llamados delitos contra la Patria.

Entonces surgió la reunión de las Diputaciones catalanas, la fórmula acordada por ellas y la idea de dirigirse al jefe del Gobierno. Los periódicos catalanes lo proclamaron; esa reunión y esa fórmula, concertada con la asistencia de diputados de todos los partidos, era el triunfo definitivo de un criterio legal y evolucionista, sobre las exageraciones del catalanismo. El Sr. Canalejas estuvo atento al desarrollo de la fórmula, en constante correspondencia con el gobernador, pulsó los factores de Cataluña, y cuando todos los senadores y diputados del Principado, excepto los amigos del señor Lerroux (si bien éste se mostró partidario de la autonomía regional), se presentaron en el despacho de la Presidencia el día 8 de Diciembre de 1911, el jefe del Gobierno no podía optar sino entre producir un peligroso antagonismo del partido liberal con las aspiraciones de una región, ó declarar como declaró que era una leyenda esparcida por todos los ámbitos del reino la supuesta desconfianza en la vitalidad y patriotismo de los catalanes por parte del Gobierno liberal, y que era también una especie inexacta, la de que en el partido liberal encontraran resistencia las nobles aspiraciones de Cataluña.

Los proyectos de Hacienda, la actitud de Canalejas

en la obra importantísima de las modificaciones arancelarias, inspirada en aquel mismo criterio expuesto por el presidente del Fomento del Trabajo Nacional, señor Sedó, de proteger el trabajo y la riqueza pública, mirando á los desenvolvimientos de la industria y la economía nacional, probaban sus deseos favorables hacia Cataluña.

El Sr. Canalejas ofreció solemnemente la resolución del problema con ciertas salvedades: primera, buscar una fórmula compatible con el estado de la nación, y que á toda ella comprendiera; segunda, mantener aquellas facultades de la soberanía del Estado, que son insustituibles y que no pueden desvincularse. Fuera de esto, no había dificultades por parte del Gobierno.

Si Canalejas había hablado á los comisionados catalanes en nombre del partido liberal, ¿cuál de sus prohombres alzó entonces la voz en señal de protesta?

El Poble Català dió cuenta de una entrevista entre los Sres. Moret y Corominas. He aquí la referencia que consignaba el periódico:

«El Diputado á Cortes D. Pedro Corominas ha celebrado una larga conferencia con el Sr. Moret sobre el proyecto de Mancomunidad.

En general, el Sr. Moret dió su conformidad al señor Corominas para la obra de las Diputaciones catalanas. Sólo ha mostrado algunas dudas en la base relativa á la enseñanza.

El Sr. Corominas se muestra muy satisfecho de esta entrevista, pues ha conseguido una adhesión más á las bases de la Mancomunidad.

El Sr. Moret se muestra firmemente decidido á prestar su concurso al Sr. Canalejas...»

Y pocos días después el Sr. Gasset declaraba á un periodista:

«Yo (y lo tengo á mucho honor) no he mantenido sólo con palabras mi convicción de que á los organismos locales se les puede ir entregando la ejecución y conservación de obras públicas. Ahí está mi Real decreto sobre construcción de caminos vecinales, de 1911...

La descentralización en esta materia, el reconocimiento de la autonomía comarcal en materia de obras públicas, ha sido iniciada por mí y estimulada en mis proyectos.»

No hubo, pues, protesta alguna en el seno del partido liberal desde Diciembre de 1911, en que el Sr. Canalejas contestaba en la Presidencia al discurso de Prat de la Riva, hasta el 21 de Mayo de 1912, en que se dió lectura al proyecto. Es más; un día se otorgó un voto de confianza al jefe del Gobierno, después de haber contestado al Sr. Ventosa que las Mancomunidades eran un compromiso del partido liberal.

Al empezar el debate del proyecto, se quiso por algunos elementos del partido, descontentos y rebeldes, convertir en asunto político, de discordia intestina de la familia liberal, lo que era una grave cuestión patriótica. Se explica la intervención de hombres como Burell y Alcalá-Zamora, que habían profesado constantemente una convicción contraria al proyecto; no las maniobras y la hostilidad de quienes lo habían aceptado en la oposición y ante los representantes de Cataluña.

Canalejas, con su conducta, realzó á los ojos de Cataluña la dignidad del Poder público. Si el crédito de nuestros políticos ha venido en España tan á menos, es porque las gentes no ven en sus palabras más que promesas falaces ó hábiles efugios. Si la solvencia de un hombre público termina, cuando ese hombre público tiene como nota de su conducta la informalidad, la mayor parte de nuestros políticos aparecen como insolventes á los ojos del país.

Canalejas no quería aparecer así á los de Cataluña. De ahí que dijera en la sesión del 3 de Julio de 1912:

«Quien no se vea sometido á un prejuicio ó á una ofuscación personal, conoce la actitud que conscientemente adopté el día en que honraron mi despacho del Consejo de Ministros todos los diputados y senadores de Cataluña, excepción hecha de algún elemento que no desconsidero, que estimo como á todas las fuerzas parlamentarias á que ha aludido el Sr. Cambó. A ellos acompañaban los Presidentes de las Diputaciones, pero les acompañaba algo para mí más transcendental; y es que habiendo forcejeado en vano muchos años el partido liberal por constituir una fuerza organizada y robusta en Cataluña, los hombres en quienes había depositado mi confianza, las personas ilustres á quienes había requerido para que constituyesen un partido liberal en Cataluña, me dijeron que prestaría el más grande de los servicios á mi patria y á mi Rey si yo recibía á las Diputaciones catalanas, no en son de guerra, no en tono despectivo, no para engañarlas con promesas ilusorias que desvaneciera el tiempo, sino con la sinceridad y la honradez de un gobernante que quiere prestar el primero de los tributos debidos al Rey y á la patria: el de la honradez en el cumplimiento de sus compromisos. Para mí el día que hablé como hablé á las Diputaciones de Cataluña estaba aprobado el proyecto ó estaba yo fuera del Gobierno y fuera del partido liberal. Así es que, señores Diputados, suspicacias, temores, recelos por incidentes muy habituales en nuestra política, nada debe apartar de vosotros la convicción profunda de que toda fuerza liberal que siga mi consejo, de que toda mayoría que escuche mi voz, votará el proyecto de Mancomunidades.»

Los catalanes presentaron esa honradez, esa sinceridad de la palabra de Canalejas, como cosa desusada en la política española. Corominas dió en Barcelona, en 14 de Julio, una conferencia sobre el tema «Las Mancomunidades en el Congreso español», y en ella dijo estas palabras:

«En mis labios, que tanto le han combatido, el nombre de Canalejas no encontrará palabras de baja adulación. Si este hombre, de quien hay derecho á esperar una reforma liberal, no aprovecha el tiempo que le queda de Gobierno para derogar la maldecida ley de Jurisdicciones, si no impide el desarrollo funesto de las Asociaciones religiosas, si no realiza el programa liberal, nos volverá á tener por enemigos.

Pero la lealtad y nobleza con que le hemos visto combatir por la ley de la mancomunidad catalana, su verbo generoso, aquella entonación de voz conmovedora con que se dirigía á nosotros para decirnos cosas que ningún jefe de Gobierno había dicho á los representantes de Cataluña, ¿quién la podrá olvidar? Yo querría tener sobre vosotros una potencia de evocación más poderosa, para haceros sentir todo el fuego de gratitud, que mi corazón pone en estos recuerdos.»

Esa gratitud de Cataluña era la que inspiraba poco después del infame asesinato las palabras sentidas de Junoy en el Senado, al decir que Cataluña colocaba una corona de siemprevivas sobre la tumba del gran estadista...

Pero Canalejas quería complacer las aspiraciones de Cataluña dentro de aquellos términos señalados por Azcárate, cuando en uno de sus discursos decía que era necesario abordar el problema de la organización local, sin otros límites que la unidad de la Patria y la soberanía única del Estado, los mismos que ponen Briand y Deschanel á la reforma administrativa de Francia, en un sentido regional.

Sorprende que se escandalicen de ciertas delegaciones de servicios—declaraba Canalejas al ilustre director de el *Diario Universal*, D. Daniel López—los que contemplan, impasibles ó sometidos, cómo la enseñanza, las obras públicas, el crédito, el seguro, el comercio marítimo, la beneficencia, se desprenden de los organismos oficiales del Estado para correr por cuenta de Bancos, capitalistas, Empresas concesionarias, Ordenes religiosas, etc., cuya dirección radica en el extranjero. Puestos á desconfiar, más aún debiera desconfiarse de la letal influencia de los que, no estando nacionalizados ó estándolo por fórmula, dirigen organismos que la conveniencia pública adscribe perdurablemente á la vida del Estado. Aquí, como en todas partes, el Estado tiende á convertirse en promovedor, en inspector, ejerciendo oficios de estímulo, de coordinación ó de tutela, y respetando las expansiones de la Corporación histórica, de la Asociación libre, de las actividades privadas, en que expresa ó tácitamente delega funciones que un *estatismo* irreflexivo y absorbente quisiera vincular en el Poder público. Más peligrosos y más opresores que los organismos locales son los organismos que crean la plutocracia, los grandes monopolios, los grandes acaparadores de producción industrial y agrícola.

Tanto Moret como Maura habían combatido el proyecto, fundándose en que no se abordaba conjuntamente la reforma local y provincial, y que no se podía legislar para la provincia, sin haberlo hecho antes para el Municipio.

¿Por qué la vida de los Municipios se ha arrastrado lánguida é infecunda? ¿Por qué consignando las leyes expansiones de la vida local, son la mayoría de los Ayuntamientos órganismos dominados fácilmente por el caciquismo, sin conciencia de su misión y sin medios de realizarla? Una jurisprudencia administrativa y contenciosa adulteró la ley; y además el Sr. Canalejas lo dijo al discutirse el proyecto de Administración del señor Maura: «el Municipio carece de fuerzas y elementos para vivir». La desamortización que creó una clase media, asiento de una democracia progresiva, destruyó elementos fundamentales de la vida local, que no han sido todavía reemplazados...

El proyecto del Sr. Maura no resolvía el problema de la Hacienda municipal, á cuya resolución ha consagrado el partido liberal proyectos como el de las Exacciones locales, y recientes y fecundas iniciativas del Ministerio de Hacienda.

La organización de las Haciendas locales no es la obra de un día, y no era de creer gozasen las Mancomunidades de los grandes efectos que, según los señores Maura y Moret, había de reportarlas para su vigor, firmeza y desarrollo, la reforma previa de la ley Municipal.

El fetichismo de la ley no podía justificar esas esperanzas. En el proyecto de Administración local, de Maura, y en el aprobado en el Congreso durante la etapa del Sr. Canalejas, no aparece la conexión entre la vida municipal y la vida de la mancomunidad. ¿Qué recursos hoy de los Municipios pasan á la mancomunidad? «Si fuese exacto— decía Cambó—que la mancomunidad es la techumbre, la cabeza, lo que corona el edificio, no podría presentarse conjunta y paralelamente un proyecto de reforma municipal y el de Mancomunidades, sino que el municipal debería ser previo, y ese carácter previo no podría referirse sólo á la promulgación de la ley. Debería, antes que todo, hacerse una ley Municipal y aplicar esta ley Municipal, y después de muchos años y de muchos lustros, que muchos lustros se necesitan para restaurar el Municipio, entonces se podría hablar de mancomunidades».

Si hay una vida interprovincial intensa, la mancomunidad se alimentará de la savia de la región más que de Municipios que aún no hayan vencido la crisis de su constitución interna. Esto no quería decir que no se abordara el problema del Municipio, y Canalejas lo abordó presentando un proyecto de ley que ampliaba y mejoraba el del Gobierno conservador.

Canalejas era un convencido de la necesidad de dotar á los Municipios españoles de nuevos elementos de vida.

«El Municipio—decía en su discurso de 1904—es el órgano insustituible, irreemplazable, según lo comprueba la experiencia, no ya de las Confederaciones republicanas (Estados Unidos, Suiza), sino de las Monarquías parlamentarias y templadas y de los imperios centralistas y aun autocráticos. El Municipio ha sido el órgano de la revolución silenciosa realizada por Inglaterra en su constitución interna, y si no otro tanto, porque á tanto no pudieron llegar, ejemplos sugestionadores ofrecen Bélgica, Holanda, Alemania y más recientemente Francia é Italia, persuadidas de que, como dijo Fusinato, «una robusta vida municipal es el mejor cimiento de toda nacionalidad, la más preciosa garantía de toda democracia.»

CAPÍTULO XIV

El Gobierno Canalejas y las derechas españolas.—La actitud de Maura.—Republicanos y socialistas.—La Prensa.—Los suplicatorios.—La cuestión de Portugal.—La obra de Canalejas.

Examinemos ahora, aunque sea ligeramente, las relaciones que durante la jefatura del Sr. Canalejas mantuvo el partido liberal con las demás agrupaciones políticas y las causas por las que principalmente tuvo que luchar contra ellas.

Canalejas había dicho en un discurso académico, que ó los partidos se nacionalizaban, se sociabilizaban, se modernizaban, ó el régimen parlamentario no podría prevalecer. La convicción de esa imperiosa necesidad había transformado en términos que hace un cuarto de siglo hubieran parecido inverosímiles los programas de todos los partidos en todas las grandes naciones del mundo; los criterios que allá por 1870 parecían radicalísimos, resultan hoy conservadores en Inglaterra, y en Alemania, y en Italia, y en los Estados de América del Norte, y en buena parte de América del Sur; ningún gobernante habla ya de resistir, sino de acoger la reforma; de sofocar, sino de impedir la revolución.

Por eso se lamentaba Canalejas de que en España los elementos conservadores, lejos de seguir tal evolución, aparecieran muchas veces unidos con las fuerzas de la extrema derecha, para una labor común de entorpecimiento de la obra democrática.

«Si por escrúpulos monjiles, por supersticiones palatinas y depresiones del espíritu—decía en 11 de Junio de 1903—os aliáis á la reacción, entonces, no lo dudéis, seremos arrollados, y se partirán los campos: allí, al lado de la Monarquía, y para mal de la patria, habrá una fuerza conservadora, haciendo de la Monarquía una fortaleza; aquí los republicanos, haciendo de los principios democráticos un ariete para derribarla.»

El programa de Canalejas tenía que tropezar, principalmente, con las resistencias y la hostilidad del partido carlista; su campaña anticlerical provocó el encono de los ultramontanos, y con especialidad de los tradicionalistas, de los que afirmaba Canalejas en la sesión del 15 de Octubre de 1910:

«¿A qué discurrir y disertar sobre lo que representa el partido carlista en la historia de España? ¡Patriotas son, y les debemos grandes beneficios para asegurar el orden público! ¡Montemolín y San Carlos de la Rápita; es decir, el momento en que se apercibían las tropas para una obra, para una empresa nacional! Pero cuando digo esto á los anarquistas, me contestan diciendo: «Lo mismo hicieron los carlistas.»

Sin las dos guerras civiles que tuvimos hubiéramos restaurado las fuerzas nacionales, porque la mayor parte de la deuda que grava sobre nosotros y otros muchos estragos que no se expresan en cifras numéricas de los Presupuestos y en la asignación de la deuda, datan de las guerras civiles. Eso debemos al partido carlista; dos guerras civiles, varios conatos y una amenaza constante, ante la que no debemos ceder, porque si España cede, si la opinión pública cede, entonces no hay redención posible.

Ha llegado, pues, la hora de decir á los revolucionarios, á los cacareadores de la revolución, que no les tenemos miedo; y á los carlistas lo mismo, que todos quedan sometidos á la ley, todos viven dentro de ella, porque hay una nación y un Ejército que no toleran demasías de ninguna clase.»

Canalejas no hirió el sentimiento religioso de España, ni siquiera persiguió á los eclesiásticos facciosos que le agraviaban, cubriéndole de denuestos y excitando á las gentes á la desobediencia de las leyes. Si de algo pecó entonces el insigne demócrata fué de benevolencia y espíritu transigente y conciliador, porque en otras naciones católicas, los Gobiernos no vacilaron en emplear contra un clero rebelde, procedimientos de mayor rigor y energía.

Cuando Italia votó en 1871 su ley contra los abusos del clero, Pío IX excitó á los Obispos de todos los países á que protestaran cerca de sus respectivos Gobiernos de la esclavitud de que era víctima la Iglesia. Los Obispos de Nimes y Nevers se dirigieron al Gobierno francés en términos que Julio Simón, entonces Presidente del Consejo de Ministros, estimó ofensivos para una nación amiga. Como consecuencia de ello, la tolerancia que se había venido dispensando al clero, fué restringida, y el jefe del Gabinete, al contestar á una interpelación planteada por los jefes de las izquierdas, dió cuenta de las medidas gubernamentales adoptadas para reprimir esa clase de maniobras ultramontanas.

Más tarde, en 1891, con motivo de una peregrinación de católicos franceses á Roma, en ocasión de la cual los peregrinos vitorearon al Papa-Rey, se reprodujo la cuestión. Hubo debate acerca del asunto en la Cámara de Diputados, y el jefe del Gobierno, Frecynet, afirmó que la conducta del clero, pretendiendo burlar la ley y combatiendo al Gobierno, era intolerable, y que si los medios que esa ley ponía á su servicio eran insuficientes, propondría á la Cámara la adopción de nuevas medidas más eficaces.

En Enero de 1900 terminó el proceso de los Asuncionistas, comprobándose la intervención de estos religiosos en las elecciones de 1898. La Congregación fué disuelta como ilícita. El Gobierno exigió explicaciones á Monseñor Richart, Arzobispo de París, por visitar á dichos religiosos, y también suprimió las consignaciones del Arzobispo de Aix y de los Obispos de Montpelier y Versalles, por haber felicitado con entusiasmo á los religiosos.

En 1902, á consecuencia de una petición formulada por 72 Arzobispos y Obispos y dirigida al Parlamento, intervenía el Consejo de Estado, y poco después la consignación del Obispo Perraud era suprimida. «Todo el mundo sabe—decía Combes—que el Estado no tiene á su disposición más que armas insuficientes para garantizar sus derechos y hacerlos triunfar. Un llamamiento al orden hace sonreir, y cuando los realiza el Ministro de Cultos, volviendo por los principios, lo más frecuente es que le proporcione, de parte del eclesiástico incriminado, una protesta pública á la que muchos de sus colegas se apresuran á adherirse. La supresión del sueldo es cosa menos solemne y de una práctica más eficaz, como cuanto ataca al bolsillo. La generalidad del Clero bajo la teme. Para el alto Clero es un juego el desafiarla, cuando no es un cálculo premeditado, por razón de los provechos pecuniarios que obtiene bajo forma de suscripciones y de ofrendas...»

Más adelante Briand, defendiendo en el Parlamento los artículos 34 y 35 de la ley de separación de la Iglesia y el Estado, que establecían sanciones penales contra los sacerdotes que se apartaran de su ministerio, decía lo siguiente:

«No tienen nada de antiliberal dichas disposiciones; no pueden alcanzar á los ministros del culto, exclusivamente cuidadosos de su misión religiosa. Era indispensable, porque aquí el derecho común resultaba insuficiente. Era imposible tratar sobre un pie de igualdad en el ejercicio del derecho de la palabra, al sacerdote en el púlpito y al simple ciudadano en la tribuna de una reunión pública. El delito cometido por éste, trátese de ultrajes, de difamación para con las personas ó de excitación á la violencia, á la sedición, no es en nada comparable, en cuanto á gravedad al delito cometido por un ministro de la religión en igual caso. El lugar, las circunstancias del delito, la autoridad moral de aquel que lo comete, son elementos de que es imposible prescindir. Ninguna asimilación se puede hacer entre el alcance, las consecuencias de un discurso en una reunión pública ante un auditorio ilustrado, donde frecuentemente todas las opiniones están en pugna, donde se está habituado á descontar las exageraciones, donde la contradicción, siempre posible, ofrece todas las garantías de poner las cosas en su lugar, y los de un sermón pronunciado por un ministro del culto ante auditores entregados inermes y sin defensa por la fe y la superstición, á las sugestiones de una palabra que tiene fuerza de siglos y que jamás ha sido debilitada por la controversia.»

Interviniendo en ese debate los representantes de la derecha, entre ellos M. Castellan, combatieron los artículos por entender que únicamente al clero *concordatario, investido de un mandato público*, podía exigírsele por parte del Estado un respeto á las instituciones oficiales y una abstención en la política que no podía pedirse al clero de un culto no oficial. ¡Qué diferencia con el criterio de los ultramontanos españoles!

En Italia, las manifestaciones de algunos clérigos, contrarias al establecimiento de la unidad, fueron castigadas con arreglo al Código penal de dicha nación, y los Ministros de Gracia y Justicia, Minghetti y Conforti, señalaron el carácter intolerable de todas las manifestaciones hechas en la cátedra del Espíritu Santo, contra los Poderes constituídos.

Minghetti, en su célebre obra *Estado é Iglesia*, á propósito de esta cuestión decía lo siguiente:

«Hay delitos que únicamente los pueden cometer los ministros del culto, cuyos delitos han de ser comprendidos en el Código, y existen además otros que si bien pueden ser cometidos por todos los ciudadanos, revisten mayor gravedad si proceden de sacerdotes en el ejercicio de sus funciones. Tal ocurre con un párroco que, predicando desde el púlpito, incite los ánimos á la rebeldía.»

Este criterio, sustentado por Minghetti, lo han compartido en Italia todos los hombres públicos, quienes considerando que el púlpito no podía ni debía ser instrumento de la pasión y de la lucha política, mantuvieron esas limitaciones al modificarse el Código penal en 1889.

En Bélgica, donde el partido católico ocupa el Poder desde hace más de veinticinco años, y aunque existe la separación de la Iglesia y el Estado, se castiga á los sacerdotes que en el ejercicio de su ministerio ataquen directamente al Gobierno, á la ley y á los decretos de la autoridad pública.

¿Cuál fué la actitud del Sr. Maura y del partido conservador con el Gobierno del Sr. Canalejas? En Junio de 1910, el Sr. Maura, en el mitin de Bilbao, declaraba que el partido conservador no se confundía con las fuerzas de la extrema derecha, añadiendo después:

«El partido conservador representa, en lo que se refiere á la convivencia, el respeto de todas las opiniones políticas, de todas las aspiraciones que en el seno de la sociedad palpitan, la fórmula de la Constitución que ha dado á España lustros de paz que no se había alcanzado antes; porque se compromete tan pronto como se rompe la solidaridad constitucional.»

Si para Maura la paz estaba en la tolerancia, el jefe del partido conservador no podía ni debía extrañar que el Sr. Canalejas tratase de desarrollar una política ecuánime, liberal, que manteniendo la solidaridad de los partidos monárquicos - la minoría conservadora con sus 106 diputados lo demostraba—, procurara al mismo tiempo cumplir los compromisos contraídos con las izquierdas, con el fin de que terminasen para siempre las agitaciones morbosas, que habían conmovido hondamente la nación. Por eso no se explica que cuando el señor Canalejas da principio á la realización de su programa ó tiene condescendencias con los elementos de la izquierda, el partido conservador comience á mostrarse con él airado y violento.

Periódicos conservadores, especialmente *La Epoca*, acusaron á Canalejas en distintas ocasiones de ser un prisionero de los republicanos y de consentir en mítines y en manifestaciones públicas todo linaje de violencias contra las más altas instituciones del Estado. Tal fué la tesis de *La Epoca*, sobre todo desde los días en que Canalejas abordó el problema de la supresión de los Consumos.

«El Gobierno canalejista—decía *La Epoca* en 8 de Junio de 1911—está dirigido por un Comité de tutela republicano.» «La colaboración republicana—añadía en otro artículo—es volver la espalda al más elemental de los deberes de gobierno; gobernar no es dejar que tranquilamente, impunemente, se fomente á la luz del día, mimados y contemplados por el Poder, la indisciplina social; gobernar no es consentir la preparación de todos los delitos que define y castiga el Código; no es alentar con los favores oficiales á los que viven fuera de la ley; no es dejar que poco á poco vayan minando el edificio social.»

No era éste sólo lenguaje de prensa; recuérdense las palabras de Rodríguez San Pedro en el Senado, cuando en el debate del impuesto de Consumos afirmaba que el partido conservador había podido transigir con los avances liberales de Sagasta; pero era incompatible con los radicalismos de Canalejas.

Recuérdese el discurso de Maura á que nos hemos referido al principio de este libro, en que llegó á afirmar que la política del Gobierno de inteligencia con las facciones revolucionarias de la izquierda, significaba entrega y ruina de la Monarquía; recuérdese el discurso del Sr. La Cierva acusando de inmoralidad al Gobierno por sus tratos y benevolencias con los republicanos; recuérdese el discurso de Mella afirmando que era el señor Lerroux el que ejercía el verdadero poder en España, y se verá la sinrazón de los que á su vez acusaban á Canalejas de ser un prisionero de los conservadores.

«No—decía Canalejas en la sesión del 30 de Mayo de 1911—; yo he venido á hacer política, no he venido á ser una imitación del partido conservador, y menos su pupilo.» «Si vosotros nos negáis los medios de gobernar —añadía en otro de sus discursos— es que tenéis que contar con fuerzas en el partido liberal afines á vosotros, que puedan gobernar bajo vuestro protectorado; en ese caso, se sentarán aquí liberales mediatizados; se sentará aquí un Gobierno inconsciente que sea la carátula grotesca del partido liberal.»

Y contendiendo con Maura, exclamaba: «No; el partido liberal, mándelo quien lo mande, diríjalo quien lo dirija, no puede ser nunca una secuela del partido conservador.

Aparte de esto, afirmar que el partido liberal comprometía con su conducta tolerante y respetuosa con las leyes la Monarquía, estaba en absoluto desprovisto de fundamento.

En nuestro tiempo—sostenía el Sr. La Cierva el 1 de Febrero de 1911—no se ha predicado el atentado personal, y, sin embargo, era lo cierto que los mismos conservadores no se habían atrevido en el Poder á desarrollar aquella política que desde la oposición recomendaban, porque al argumento de una punible laxitud en los organismos encargados de velar por el cumplimiento de las leyes y por la defensa de las instituciones sociales, al argumento de que ó no se procesa á los que cometen por medio de la Prensa estos delitos, ó de que si los Tribunales los condenan, viene la acción del Poder público con indultos y amnistías á hacer ineficaz el procedimiento; y á las palabras del Sr. La Cierva podía contestarse diciendo, que durante el mando de los conservadores, todos los procesados por delitos de lesa majestad, especialmente en los cometidos por artículos de los periódicos *Are mas que may, La Conciencia Libre* y *La Rebeldía*, haciendo la apología del regicidio, fueron puestos en libertad por la amnistía de 1909.

No se predicaba el atentado personal, mandando los conservadores; pero en un mitin de Madrid del 26 de Junio de 1907, un coronel retirado, el Sr. Careaga, pedía que se colgaran de ocho faroles de la Puerta del Sol ocho hombres funestos, entre ellos Montero, Moret, Cambó y *uno que no nombraba*; en 909, en el Ateneo Enciclopédico popular, decía un orador que era más elocuente el brazo de Angiolillo que la palabra de Castelar, y según el libro del Sr. Canals *Los sucesos de España en 1909*, Pablo Iglesias exclamaba en el mitin de Lux Edén que no sería difícil que algún reservista prefiriese apuñalar á un Ministro, ó á cualquier elevada personalidad, antes de ir á matar gentes que defendían su Patria con el mismo valor con que los españoles defendieron la suya en 1808.

Si los conservadores no fueron justos con Canalejas, no mayor reconocimiento á sus propósitos liberales y democráticos manifestaron en ocasiones republicanos y socialistas. Republicanos y socialistas acusan principalmente al Gobierno canalejista, por la represión de los sucesos de 1911, por la cuestión de los suplicatorios y por no haber impedido con mayores energías las maniobras clericales y reaccionarias, respecto de Portugal.

En primer lugar, debe consignarse la amplitud de libertad política, que salvo algunos días de paralización de la vida constitucional, concedió aquel Gobierno.

Desde el 9 de Febrero de 1910 hasta el 31 de Julio de 1912, se celebraron 10.581 mítines ó reuniones populares, algunas veces con muchos millares de concurrentes, y para tratar temas complejos políticos, sociales y religiosos; las asambleas político-religiosas fueron nada menos que 573; estrictamente políticas, 3.580; societarias ó político-sociales, 6.428. Las manifestaciones por calles y plazas en igual período llegaron á 949. A la cabeza de todas las grandes capitales figura Barcelona, con 5.112 mítines, y sigue Madrid, con 2.397.

«¿Cómo puede decirse—afirmaba Canalejas—ante estas cifras oficiales, que el Gobierno ha limitado las libertades públicas, ni cómo puede hablarse de *tiranía*, si tantos millares de mítines se celebraron, sin más que alguna advertencia á los oradores, y si las manifestaciones, que revistieron caracteres extraordinarios, se autorizaron en todas las zonas de España y por los más diversos motivos? Antes de reunirse las Cortes y durante la reunión de Cortes; cuando se discutían leyes de sentido radical; y cuando se aplazaban, con cualquier pretexto y sin pretexto alguno, las izquierdas y las derechas extremas, que en muchos casos llegaron á iguales desbordes que los radicales, maltrataron cruelmente al Gobierno. Quien aprecie tales hechos y lea la Prensa de ese período, no podrá decorosamente hablar de *tiranía*.»

A los pocos días de ocupar el Poder Canalejas, Pablo Iglesias declaraba ya á un redactor de *L'Actión*, que el Gobierno no le inspiraba confianza ninguna, y que le combatiría sin descanso. Por eso no es de extrañar la campaña socialista de 1911, que Pablo Iglesias llegase á afirmar que el Sr. Canalejas, que en la oposición se llamaba demócrata, escandalizaba al país con su política dictatorial, y que no sólo los republicanos y socialistas, sino los propios conservadores, habían de execrar su política por atentatoria á los principios democráticos y á la libertad.

Sin embargo, los conservadores motejaban duramente á Canalejas por comprometer, con su blandura y debilidad, los intereses sociales y la vida del Trono. Los hechos son más elocuentes que las palabras, y los hechos dicen que dos meses antes de morir Canalejas, no quedaban en las cárceles trabajadores presos por los sucesos de 1911, las Asociaciones obreras funcionaban con toda libertad, y el Gobierno iba á conceder un nuevo indulto por motivos políticos.

Los periódicos radicales censuraron también á Canalejas por haber ejercido según ellos la censura, como nunca se ejerciera en España, con un criterio restrictivo y reaccionario que pugnaba con los convencimientos liberales y los antecedentes democráticos del Presidente del Consejo.

Canalejas había sido, en efecto, un defensor entusiasta de la libertad de la Prensa. Cuando en 1891 se discutió en el Congreso, por iniciativa del Sr. Romero Robledo, la proposición de ley que diera garantías de que no fueran impunemente profanados el hogar, la vida privada y la honra de los ciudadanos españoles,

Canalejas decía: «Así, pues, hay que recordar, sin aplaudir los extravíos, sin hacerse solidario de las injurias ni asentir á ninguno de los efectos de ciertos instrumentos de publicidad, hay que recordar aquel concepto vertido por un Emperador ilustre de Austria, cuando, dirigiéndose á la Sociedad de periodistas titulada «La Concordia», afirmaba: «Yo os he otorgado una omnímoda libertad de imprenta, porque entiendo que los males de la imprenta con ella misma se curan, y que la mejor garantía de la prensa ha de buscarse en su propia estimación, y que, en suma, vosotros, con la libertad que se os otorga, os apartaréis de la crítica, de censura de los actos privados, encaminándoos con un sentido imparcial á la crítica de los actos públicos.»

En el mitin de Logroño de 1908, Canalejas cantaba á la Prensa como instrumento insustituible de la opinión democrática de España.

¿Persiguió realmente el Sr. Canalejas á la Prensa? No. Ahí está la campaña clerical del verano de 1910 y la campaña radical del de 1911. No hubo agravio; no hubo injuria que no fuese dirigida al jefe del Gobierno; no hubo incitaciones á la violencia, estímulo al desorden que libremente no se consignara en letras de molde; es más, aun establecida la censura durante la suspensión de garantías constitucionales, escribía *El País* que la censura había sido caprichosa, pero que con habilidad se había podido decir cuanto se quería.

Canalejas tuvo que abordar la cuestión de los suplicatorios, respondiendo á compromisos suyos anteriores, porque en 24 de Abril de 1909, en el dictamen que suscribía con el Sr. Moret, figuraba una propuesta de artículos modificando el Reglamento, para que automáticamente fueran dictaminados los suplicatorios, y de lo que en 1912 se trataba era de lo mismo, á que había prestado su asentimiento en 1909. El Sr. Canalejas profesó en el Poder el mismo criterio que había mantenido en la oposición. En 1904, Canalejas había definido acerca de este asunto con insuperable maestría y elocuencia, los dogmas parlamentarios.

«La inmunidad parlamentaria no puede consistir en otorgar al Parlamento un derecho de asilo deshonroso, sino en amparar prerrogativas substanciales y permanentes del régimen parlamentario.

. . . .

¿Qué discutimos aquí? Repito que ante todo una doctrina fundamental. Se nos dice que nuestra misión en parte de las solicitudes de los requerimientos del Poder judicial para sustraer los representantes del país á la intervención activa de las funciones legislativas y fiscales, es tan sólo examinar si directamente, si inmediatamente, si visiblemente interviene la acción ó la la mano del Gobierno, y ese concepto no se ha profesado jamás con teorías conservadoras, al menos con las de los Sres. Cánovas y Silvela. Había dicho ayer que la tradición del partido conservador inspiraba vuestra actitud, y precisamente jamás han salido de los labios del Sr. Cánovas, desde su famoso discurso de 1876, hasta el último pronunciado por aquel eminente repúblico, conceptos que se asemejen al vuestro, y en cambio, la cuestión que planteaba el conde de Romanones acerca de la intervención del Tribunal Supremo, la ha suscitado, y la ha definido con elocuencia y autoridad jurídica incomparables el señor Silvela, sustentando una opinión que yo he de mantener en el curso de este debate. Porque para la intervención del Tribunal Supremo no es necesaria una reforma legislativa, no es indispensable una ampliación de la ley, sino que basta con la ley misma, porque siendo un precepto constitucional, ahí está la raíz y la esencia de nuestro derecho.

Pues qué, cuando habláis tanto de respeto al fuero judicial, á la autoridad judicial, al Tribunal competente, ¿os olvidáis de que cualquiera de estos Diputados á quienes queréis someter, abandonándolos á la acción de la justicia, podría pedir que le juzgasen aquellos que por ministerio de la Constitución tienen este deber? ¿No es verdad que, prescindiendo ahora de Diputados y de Senadores, cualquier ciudadano español puede entablar la cuestión de competencia, y pedir que se le someta al Juez á quien las leyes atribuyen el conocimiento de los hechos que realice ó de los posibles delitos que cometa? ¿Y han de ser sólo los Diputados los que carezcan de ese derecho y de esa garantía? Si la ley asigna al Tribunal Supremo el conocimiento de actos realizados por Arzobispos, Obispos, Subsecretarios, Directores generales, Gobernadores y tantas y tantas jerarquías del Estado, van á ser todos esos funcionarios superiores á los representantes del país en la esfera de la consagración de su derecho?

. . . .

Yo sostengo y afirmo la tesis, que robustecería con datos si fuera contradicha, de que jamás en el Parlamento inglés se ha asentado la doctrina que aquí se pretende fundamentar en los votos particulares; es decir, que siempre las funciones del Parlamento, enfrente de una solicitud del Poder judicial para procesar á Diputados y Senadores, han tenido otra extensión y alcance;

mirando, como decía M. Rohuer en el Parlamento francés, á la licitud y la seriedad de la demanda. Cuando yo leo algunos de los artículos que han motivado los suplicatorios; cuando recuerdo cómo en éste y en otros casos, por un sistema depresivo para la libertad de la Prensa, se presentan denuncias y se suscitan trabas á la circulación de los periódicos para parar luego en un sobreseimiento ó en una absolución, reconozco que la primera nota de atención para el examen de los suplicatorios es su seriedad, porque hay asuntos livianos, materias parvas, que ofrecen escaso apoyo para que desposeamos temporalmente de las prerrogativas de Diputado á uno de nuestros compañeros, entregándolo á la acción de la justicia. La misma doctrina se recoge en las dos informaciones italianas y en las reglas del Parlamento norteamericano, y en las del inglés. Esta es la doctrina sustentada en el Parlamento español por todos nuestros grandes parlamentarios. ¿Qué más queréis? Argüelles, Olózaga, González Brabo, Sancho, Pidal, Ríos Rosas, Madoz, Martos, Rivero, Figueras, Castelar, Cánovas, Romero Robledo, todos coinciden; recuerdo y tengo anotados admirables discursos en los cuales sostuvieron esas insignes autoridades la amplitud de nuestra competencia para estimar la oportunidad, la intención, el origen, la finalidad de los suplicatorios, afirmando algo que sólo aquí se ha puesto ahora en tela de juicio.»

Otra acusación injustificada que los elementos de la Conjunción, hicieron en diversas ocasiones á Canalejas, fué la de haber alentado á los monárquicos portugueses para que realizasen las dos intentonas fracasadas contra el Gobierno republicano.

La conducta de Canalejas en ese asunto se ajustó á los principios y á las prácticas del derecho internacional, á las teorías de tratadistas como Calvo, Wharton y Rivier, y al ejemplo de otras naciones.

En 1866, cuando el Rey Jorge de Hannover perdió la corona de un modo análogo á D. Manuel, sus partidarios quisieron formar la legión hannoveriana, obligando al Gobierno francés á alejar á los güelfos de la frontera germánica.

Conducta análoga observó Francia durante las insurrecciones carlistas, siendo digno de consignarse lo que á este propósito dice Despagnet:

«Evitándose el expulsar á los refugiados, para atender á consideraciones de humanidad ó de justicia, puede prohibírseles la permanencia en ciertas localidades, especialmente las inmediatas al país contra el cual querrían dirigir sus ataques, y es así como durante la insurrección de 1872 el Gobierno francés internó ó hizo conducir á la frontera belga ó alemana á los carlistas que se hallaban en su territorio, procediendo de igual modo en 1885 con respecto á los emigrados republicanos.»

Canalejas obró conforme á estos principios consignados. Tanto en la primera como en la segunda intentona, cumplió en absoluto su deber de gobernante, llegando á la destitución de gobernadores que no obedecían sus instrucciones, con el celo necesario.

Mientras que los órganos radicales españoles y determinados periódicos portugueses suponían que el Gobierno español alentaba las insurrecciones monárquicas, que *El País* y *El Radical* hablaban de la complicidad de la autoridades, *España Nueva* afirmaba que D. Alfonso de Braganza había entrado en Portugal con el uniforme del Ejército español, y recogía la fábula de una nueva Santa Alianza contra Portugal, y *O Seculo* y *La República*, de Lisboa, acusaban á nuestro Gobierno de faltar al derecho de gentes, los elementos monárquicos lusitanos y los que en España simpatizaban con ellos achacaban á la firme actitud del Sr. Canalejas, el fracaso de las intentonas.

El jefe de la contrarrevolución, Paiva, pronunció ante un periodista gallego estas palabras:

«¿Armas? Sí teníamos; pero, unas cogidas en Oporto, otras en otros puntos, y las cogidas en Orense... (y luego á media voz, como hablando consigo mismo, con marcado acento de resignación, apenas le percibí estas palabras: «No, el Gobierno español nos persiguió tenazmente.»)»

El Príncipe D. Miguel de Braganza dijo también ante otro periodista que le interrogaba:

«Canalejas nos ha perseguido implacablemente. Nosotros no podemos atribuir nada más que á órdenes suyas, el rigor con que se nos persigue en la frontera española. Las autoridades de Verín nos amenazaron con el atropello de una expulsión á viva fuerza, á pesar de que alegamos nuestra condición de súbditos de Austria. Se nos acosa como si fuésemos criminales, proceder que sólo por un exceso de celo puede explicarse, tratándose de un primer ministro de D. Alfonso, que lógicamente es de presumir tenga personales simpatías por nuestra causa...»

Don Miguel añadió, después de una pausa:

«Creí que nuestras personas encontrarían más hospitalidad en el país donde ejerce soberanía D. Alfonso de Borbón.

Comprendo—agregó—las exigencias diplomáticas, y por esta razón lo disculpo y nos resignamos; pero no puedo menos de recordar que en trances análogos, la misma Francia fué tolerante con los emigrantes y conspiradores. Ni á D. Carlos cuando la guerra civil, ni á doña Isabel y D. Alfonso antes de la Restauración alfonsina se les expulsó de los pueblos, dándoles plazos de una y dos horas y amenazándoles con la Guardia civil, como nos ha ocurrido ahora á nosotros y á los duques de Parma.»

Manuel Valente, ex teniente del Ejército portugués publicó en Oporto en 1912, un interesante libro *A Contra revoluçao monarchica*, en el cual se afirma que la Guardia civil, cumpliendo las órdenes del Gobierno, impidió el éxito de los revolucionarios; y Cirici Ventalló en el *Correo Español*, escribía:

«Eça de Queirós, el hijo del más insigne de los escritores portugueses, que forma parte del brillante Estado Mayor, nos enseñó su álbum de apuntes de la incipiente campaña; el lápiz de Eça de Queirós tiene trazos satíricos de gran valentía; uno de los apuntes de su álbum lleva un epígrafe que dice así: *Nuestro enemigo más implacable*, y debajo se ve pintado un cabo de la Guardia civil española, de cara fiera y gruesos mostachos.»

Canalejas impidió, pues, que se conspirase en España, como demuestran estos testimonios y como hubo de reconocer Vasconcellos; pero no consintió tampoco, y de ahí la hostilidad de algunos elementos radicales, que pudieran ejercer en España una acción contraria á derecho, agentes encubiertos de la República portuguesa ó los republicanos españoles puestos al servicio de la República.

La organización carbonaria, convertida en instrumento de delación, indigno de un pueblo libre, trató de extender por España su red invisible y secreta, no sólo para impedir los manejos monárquicos, sino quizá también para hacer propaganda republicana. Canalejas lo impidió con toda energía, con la misma con que protestó de la incursión en territorio español de algunos *guardiñas*, que prendieron fuera ya de la frontera portuguesa á un sacerdote monárquico.

**

Canalejas gobernó democráticamente. A medida que pase el tiempo, irá siendo más ensalzada su labor, y se comprenderá bien lo que representa llegar al Poder en momentos difíciles, en los cuales todo parecía vacilar y extremecerse, conmovido por una honda agitación internacional que hacía de nuestra Patria el objeto primero de sus campañas, y dejar al morir la institución monárquica con mayor arraigo que nunca, el nombre de España respetado en el Extranjero y reconocidos sus derechos por la diplomacia.

No plegó nunca su bandera, ni empleó los medios de gobierno, sino para su prestigio; y conforme á una frase de Cánovas, no realizó nada que repugnase á su conciencia.

Si en orden á la reforma política no hizo aún más, durante el tiempo de su mando, no fué culpa suya, sino del estado de la sociedad española y de la condición del partido liberal, dominado por las oligarquías, víctima de las codicias y de las querellas personales. Por eso Canalejas, convencido de que el liberalismo histórico había cumplido ya su cometido, quería ir formando, dentro de las dificultades de una agrupación con el peso muerto de tantos intereses y ambiciones, el nuevo instrumento político, inspirado en aquel sentido moderno, que según Habhouse, en su libro *Democracy and reaction,* ha de sustituir al viejo y caduco liberalismo.

El mejor homenaje que puede rendirse á la memoria de Canalejas, es imitar su ejemplo de civismo y de abnegación, y trabajar sin descanso para que triunfen definitivamente en nuestro suelo los ideales democráticos, á los que consagró su noble y generosa existencia.

Si es verdad que sólo se muere cuando en la tierra no se dejan amores ni recuerdos, Canalejas es inmortal, si, además, no lo fuese también, por el resplandor imperecedero de su genio.

Desde el Rey, que concedió el ducado de Canalejas á la ilustre esposa y á los hijos del insigne estadista, hasta el último ciudadano, todos los españoles lloraron sobre su tumba, tejiendo aquella corona que no marchita el tiempo, sino que es, en la historia de los pueblos, un timbre eterno de orgullo y de gloria.

ÍNDICE

Capítulos.		Páginas.
I.	Canalejas político y orador..................	5
II.	Las ideas de Canalejas sobre el Estado.—Canalejas patriota.......................	15
III.	La cuestión de Marruecos y el Tratado con Francia.............................	26
IV.	El concepto moderno de la Monarquía.—El Rey y sus ministros.—Ideas de Canalejas sobre estos puntos.—Cómo las practicó en el Poder...............................	49
V.	Los partidos en España.—El partido liberal y Canalejas.—La sinceridad electoral y las elecciones liberales.....................	60
VI.	La cuestión religiosa.—Canalejas y el anticlericalismo.—Su obra de Gobierno.......	74
VII.	La ley de Asociaciones.—El problema de la enseñanza............................	94
VIII.	Canalejas y la cuestión obrera.—Su labor como político y su obra de gobernante.....	113
IX.	Los sucesos del verano de 1911.—Su carácter.—El sindicalismo revolucionario........	132
X.	Canalejas y la reforma de las leyes civiles y penales.—Canalejas y la pena de muerte...	156
XI.	Canalejas y el Ejército.—El Poder militar de España.—El servicio obligatorio..........	170
XII.	Canalejas y la economía y la Hacienda nacionales.—El impuesto de Consumos.........	184
XIII.	Canalejas y la cuestión catalana.—Las Mancomunidades.—La vida local.............	203
XIV.	El Gobierno Canalejas y las derechas españolas.—La actitud de Maura.—Republicanos y socialistas.—La Prensa.—Los suplicatorios.—La cuestión de Portugal.—La obra de Canalejas......................	219

OBRAS DEL MISMO AUTOR

El obrero en España.
El trabajo de la mujer y el niño.
El sentido social de la revolución de 1820.
El problema de las pensiones para los obreros en España.
Bodas reales.
Monarquía y democracia.

EN PREPARACIÓN

La ley de Asociaciones.
Historia de las ideas políticas en España.

www.ingramcontent.com/pod-product-compliance
Lightning Source LLC
Chambersburg PA
CBHW061956180426
43198CB00036B/1246